U0106446

ABOVE THE CLIFF
懸崖 ✦ 之上
Trade War and China-US Relations
從貿易戰看中美關係

郝雨凡　王建偉　由冀　盛力　吳湘寧⋯⋯⋯著

責任編輯　　王婉珠

書籍設計　　a＿kun

書　　名　　懸崖之上：從貿易戰看中美關係
著　　者　　郝雨凡　王建偉　由冀　盛力　吳湘寧
出　　版　　三聯書店（香港）有限公司
　　　　　　香港北角英皇道 499 號北角工業大廈 20 樓
　　　　　　Joint Publishing (H.K.) Co., Ltd.
　　　　　　20/F., North Point Industrial Building,
　　　　　　499 King's Road, North Point, Hong Kong
香港發行　　香港聯合書刊物流有限公司
　　　　　　香港新界荃灣德士古道 220-248 號 16 樓
印　　刷　　美雅印刷製本有限公司
　　　　　　香港九龍觀塘榮業街 6 號 4 樓 A 室
版　　次　　2021 年 7 月香港第一版第一次印刷
規　　格　　特 16 開（150 × 210 mm）272 面
國際書號　　ISBN 978-962-04-4834-8
　　　　　　© 2021 Joint Publishing (H.K.) Co., Ltd.
　　　　　　Published & Printed in Hong Kong

目 錄

引 言

　　當今世界正處於百年未有之大變局，伴生着百年未有之不確定性和百年未有之機遇。第 45 任美國總統特朗普（Donald Trump）自 2017 年（任期為 2017 年 1 月 20 日—2021 年 1 月 20 日）就任伊始，就摒棄了自 "冷戰" 以來被美國歷屆政府奉為圭臬的 "全球主義"，而將 "美國優先" 戰略作為處理內部事務和制定外交政策的核心原則，以爭取國內選票、尋求實際獲益、打造雙邊交易、解除對國際事務的管理負擔為重要任務要求，在政治、經濟、軍事、外交、移民、氣候等多個領域頻頻向世界其他國家發難。國際秩序受到嚴峻挑戰，國際社會對此反應強烈。

　　在特朗普執政期間，最引人注目的就是美國與中國之間開展的貿易戰。2018 年 3 月 22 日，美國政府發佈《對華 301 調查報告》，批評中國 "盜竊知識產權"、"強制技術轉讓"；同日，特朗普簽署總統備忘錄，宣稱對中國進口的價值 500 億美元商品加徵 25% 關稅。中國隨即表示擬對自美進口部分商品加稅，以進行反制，且在當年 9 月發佈《關於中美貿易摩擦的事實與中方立場》白皮書。在短短 18 個月內，中美之間的貿易摩擦就歷經了發起、升級、談判、再起、複談、緩和的反復拉鋸過程，美國前後共分四次對中國輸美商品增加關稅，中方也針對性採取了四次反制措施。如果雙方的四輪加稅威脅完全實施，將覆蓋所有的雙邊進出口貿易，確實可以說是中美關係中一場 "史詩級" 的貿易戰了。一場新的、全球性的經濟和政治對抗已經逐步成形，美國與中國這兩個世界上最大的經濟體已從冷戰後期的 "朋友" 轉變成今天的主要戰略競爭對手。

誠如中國國家主席習近平所言，"中美和則兩利，鬥則俱傷"。經濟全球化發展至今，各國間經濟利益已深度融合，形成了 "你中有我，我中有你" 的利益格局。孤立主義、單邊主義、保護主義行徑違背歷史潮流。面對當前新舊問題交織、全球治理赤字問題日益凸顯的局勢，單憑一個國家的力量無法解決，任何國家想要獨善其身也絕不可能。中美作為全球治理秩序的重要構建者，其綜合實力遠超世界其他國家。中美關係是當今世界最重要的雙邊關係之一，並逐漸形成相互依賴的利益共同體。在很大程度上，中美關係的走向可以決定國際格局的演化方向。中美貿易戰不僅影響中美關係，而且關係到全球經濟的增長和穩定。而隨着這兩大經濟體的進一步疏遠，貿易戰對雙方經濟、民生的負面影響開始逐步顯現，外部負效應也不同強度地傳導到其他國家或地區。根據國際貨幣基金組織（IMF）的數據，2019 年全球貿易增長可能已放緩至 3%，為 2009 年經濟衰退以來的最低水平（新冠肺炎疫情爆發之前預測）。

　　港澳地區具有中華人民共和國特別行政區的政治屬性和自由貿易港的經濟屬性，這樣的雙重屬性決定了這兩個特區不可避免地成為被外部負效應嚴重波及的地區之一。尤其是兩個特區從產業結構和經濟體量上來說，對外依賴程度極高，其長遠發展都極易受制於全球或鄰近地區的影響。在中美貿易戰和"新冷戰"的影響下，港澳地區整體經濟環境發展的不確定因素增加。"覆巢之下，安有完卵。"如果中美貿易戰發展為新冷戰，必將對港澳地區經濟產生重大影響。因此，掌握中美關係發展的新動向，研究中美貿易戰對港澳經濟的影響，對港澳特別行政區經濟和社會的平穩發展至關重要。

　　大局看中國，小處看港澳。本書立足於中國經濟社會的長期穩定發展，從美國國內政治和經濟狀況以及對華政策對策轉變，中美貿易戰向科技戰、金融戰等領域的蔓延以及中國可能的反擊兩個角度做出深度剖析，並針對港澳的特殊性，深度剖析中美貿易戰升級對港澳經濟社會可能產生的影響，既着眼於大局而又立足於發展實際。希望給讀者帶來更多有意義的思考。

第一篇

中美貿易戰的興起與演變過程

第一章　中美貿易戰的簡單回顧

　　自中美恢復邦交、實現關係正常化以來，兩國雙邊貿易規模在不斷擴大。據中國海關統計，2018 年，中美雙邊貨物貿易總額 6335.2 億美元。中國是美國第一大貿易夥伴和第三大出口市場，美國則是中國第二大貿易夥伴和第一大出口市場。截至 2018 年底，中國企業在美累計非金融類直接投資 633 億美元，佔中國累計對外非金融類投資金額的 3.7%，而美對華投資項目累計 70181 個，實際投入 851.9 億美元，分別佔中國已批外資企業的 7.3% 和 4.2%。[1] 從根本上說，中美經貿關係，已成為緊密相扣、不可分割的一環。然而，正是這經貿關係密不可分的兩個世界大國，在 2018 年開啟了一場持續至今的貿易戰，也被稱為是 "迄今為止經濟史上規模最大的貿易戰"。

1　http://us.mofcom.gov.cn/article/ztdy/201905/20190502859509.shtml.

（一）中美貿易戰的緣起

2018 年特朗普政府宣佈對華展開貿易徵稅制裁，一度令政界和國際關係學界嘩然，但深入思考，中美貿易摩擦已經開始出現越來越頻繁的趨勢，摩擦升級已早露端倪。可以說，中美貿易戰的爆發，既有特朗普政府的突發因素，也有着中美兩國之間多領域衝突和摩擦的更為長遠而深刻的背景。它既是一場中美之間貿易上的爭奪，更是中美兩個大國長期爭端的一個貿易爆發點而已。

一般來說，中美之間巨大的貿易逆差被認為是中美貿易摩擦升級的重要原因。隨着國內市場經濟體制建立的完善，生產力被不斷釋放，生產能力迅猛提高，再加上低廉的成本和定價，諸多組裝工業從亞洲新型工業國家逐步轉移到中國，中國逐步開始轉變為 "製造大國"，美國則成為中國重要的商品輸出國，這就導致了中美貿易逆差問題的顯現。根據美方統計數據，中美貿易在 1979—1982年均為美國順差，1983 年開始出現首次逆差（中方統計數據為1993 年出現首次中方順差）[1]。無論中美貿易逆差究竟是在哪一年開始正式出現或者這個貿易逆差的數額究竟是多少，毋庸置疑的是，兩國貿易逆差在 2001 年中國加入 WTO 之後開始呈現日益擴大的趨勢（參見圖 1-1）。據美國的貿易統計資料，2017 年美國對華的商品貿易逆差為 3755 億美元，佔雙向貿易總額的比重高達 59.%，

---

[1] 關於中美之間貿易逆差統計的問題，已有相當多的論證，主要集中在雙方在進口、出口上統計口徑的問題，詳細可參考中國外交部 1997 年發佈的政府白皮書《關於中美貿易平衡問題》。

同比擴大 13%。

應該說中美貿易不平衡是中美關係中的一個老問題。只是特朗普政府對這個問題採取了和以往政府完全不同的戰略和策略。在奧巴馬時期，美國主流觀點基本是希望可以"勸服"中國加入由美國主導的世界秩序遊戲規則，自動調整自身的經濟體制和對外經貿規則。奧巴馬在任期間，曾經試圖簽訂排除中國的《跨太平洋夥伴關係協定》（TPP），以應對中國的貿易問題。隨着兩國經貿關係競爭性的持續增強，美國已經逐步意識到，兩國雙邊關係中的總體均衡已經不再可能通過既有途徑來實現。商人背景的特朗普則早在上世紀 80 年代，就關注美國的對外貿易問題，並將降低美國的貿易逆差及促進製造業的發展確立為其競選美國總統的重要綱領。因此，中美貿易戰的時間節點雖然存在一定的突發性，但從美國長期的利益考量上來看，美國勢必會採取一定的措施來扭轉對華貿易逆差，而這樣的貿易摩擦升級則是很難避免的。

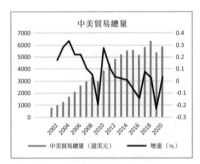
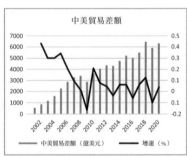

來源：作者自製。原數據來源：商務部、海關總署、國家統計局。

圖 1-1　中美貿易額與中美貿易逆差

　　與其說日益擴大的貿易逆差使得美方感到強烈不安，不如說是貿易逆差背後所揭示的全球範圍內產業鏈結構的調整使得美國在內的諸多發達國家開始思考其應對之策。美國的學術界和政界普遍認為，隨着全球化的推進，發展中國家逐漸進入一般化工業大生產階段，而包括美國在內的發達國家，一方面繼續發展新興技術產業，佔領高端產業，另一方面受到發展中國家廉價替代品的衝擊，本國傳統製造業開始重組、外包，直接導致美國中下層民眾工作機會的喪失和福利的普遍下降，導致美國貧富差距持續擴大、社會保障壓力日趨顯著。[1]全球產業鏈正在發生着不可逆轉的重構，在這種重構中，中國在全球價值鏈中的地位正在不斷攀升，而美國的霸主地位無疑受到了嚴重的威脅。這種全球產業鏈重構與雙方在全球價值鏈中地位的變化引起了美國國內社會的不安，也引發了對包括中國在內的發展中國家的強烈不滿情緒。

　　中美貿易戰的一個重要引爆點是中國在產業發展和科技變革上的一系列舉措。2015 年 5 月，中國國務院公佈 "中國製造 2025" 計劃，提出將在 2025 年把中國從 "製造大國" 打造為 "製造強國" 的重要戰略目標，且要在 2035 年實現中國的製造業趕超德國和日本的目標。該計劃也重點提及了中國接下來要重點發展的領域，包括新一代信息技術創新產業、高端數控機床和機器人、航空航天裝備、海洋工程裝備及高技術傳播、軌道交通裝備、節能與新能源

1　李鑫茹，陳錫康，段玉婉，祝坤福：《國民收入視角下的中美貿易平衡分析》，《世界經濟》2018 年第 6 期。

汽車、核能或可再生能源電力裝備、農機信息整合系統、納米高新材料或模塊化建築及生物化學醫藥及高性能醫療器械等十大戰略領域[1]。這也是中國科技創新和發展戰略中的一個重要環節。對此，中國國務院組建"中國製造2025"的戰略頂級領導機構 —— 國家製造強國建設領導小組，出台了一系列措施、條例，為其創造條件。中國對於製造強國目標，不僅僅是一個行動綱領，而是有針對性地提出了未來十年中國製造業發展的詳細計劃，並在國家戰略層面提供了諸多支持。可以說，這是中國戰略發展的重要一步，也是實打實的一步。正如該計劃書中所表明的，"我國製造業面臨發達國家和其他發展中國家'雙向擠壓'的嚴峻挑戰，必須放眼全球，加緊戰略部署，着眼建設製造強國，固本培元，化挑戰為機遇，搶佔製造業新一輪競爭制高點"[2]。該計劃的提出，加重了包括美國總統特朗普在內的美國主要政治精英階層對於"中國製造業的崛起會進一步導致美國中下層民眾喪失就業機會"這一觀念，也加重了美國國內對於其在全球產業鏈中的優勢地位以及美國在目前國際秩序中的掌控者位置的雙重擔憂。

特朗普在2016年競選美國總統時就宣稱，巨額貿易是美國對中國能夠施加的唯一影響力，而後又批評中國這個亞洲生產基地拿走了美國的技術，操作貨幣，降低商品價格，以低價戰勝美國公司，佔領國際市場。2017年8月14日，特朗普作為美國總統正

1　http://www.gov.cn/zhengce/content/2015-05/19/content_9784.htm.

2　同上。

式發出備忘錄，要求美國商務部針對進口鋼鐵及鋁材對美國國家安全的影響展開調查（232 調查），隨後美國貿易代表處根據《1974 年貿易法》第 301 條，於 8 月 18 日正式啟動對中國在知識轉移、知識產權及創新等領域的作為、政策和做法等方面的調查（301 調查），以明晰在此過程中是否存在不合理或者歧視的做法，及對美國商業造成的負面影響。在 2018 年 3 月公佈的《301 調查報告》中，美國直指中國政府主導的產業政策，並認定其目標就是"在技術領域，特別是先進技術領域取得領先地位以取代美國，統治全球市場"。在具體舉措上，中國採取了四種手段，即不公正的技術轉讓制度；歧視性的許可限制；瞄準高技術產業的海外投資；入侵美國商業計算機系統，通過網絡盜竊美國知識產權。並且，此次 301 調查報告針對的有八個行業，均屬於"中國製造 2025"重點發展的領域。在當年 11 月，該報告又進一步補充了包括 AI、AR/VR、金融領域、醫療保健等領域。

在此之後，美國政府陸續宣佈對進口中國的鑄鐵污水管道配件、鋁箔產品等徵收高額的反傾銷、反補貼稅。這都預示着中美兩國之間的貿易摩擦開始進一步升級。到 2018 年 3 月 22 日，美國總統特朗普簽署總統備忘錄，認定中國對美國知識產權的侵犯，並根據《對華 301 調查報告》宣佈對華採取制裁措施，對中國商品加徵關稅。中國在一天後，即 3 月 23 日，擬定對美國進口部分商品同樣用加稅反制，以平衡美國加稅舉措帶來的損失。至此，兩國經貿摩擦升級至中美貿易戰。

（二）中美貿易戰的進程

中美貿易戰，又稱 2018—2019 中美貿易爭端，是中國與美國之間就兩國貿易紛爭以及由此所產生的知識財產權和商業秘密等有關問題進行的一場關稅制裁和反制裁鬥爭。在這場貿易戰中，中美雙方你來我往，歷經了發起、升級、談判、再起、複談、緩和的反復拉鋸過程，無論是涉及的經濟總量或者關稅量，還是雙方採取措施的準確度及快速程度，都可以說是一場 "史詩級" 的貿易戰爭。

自 2018 年 3 月開始，中美經貿關稅制裁共經歷四個階段，每個階段以雙方實施商品徵稅為標誌，前後共發起四輪關稅制裁和反制裁措施（參見圖 1-2）。具體來看，美國在 2018 年 7 月 6 日、8 月 23 日和 9 月 24 日，對價值約 340 億美元、160 億美元和 2000 億美元的中國進口商品分別加徵了 25%、25% 和 10% 的關稅（其中最後 2000 億美元於 2019 年 5 月 10 日起，加徵稅率提升至 25%），而後又進一步在 2019 年 9 月 1 日正式對價值 3000 億美元中國商品開徵 15% 稅率。針對美國的關稅制裁，中國政府反應快速，也分別於 7 月 6 日、8 月 23 日和 9 月 24 日進行了關稅反制裁措施，對價值 320 億美元、160 億美元和 600 億美元的美國進口商品分別加徵了 25%、25% 和 5%—10% 不等的關稅（其中 600 億美元加徵關稅於 2019 年 6 月 1 日正式生效）。

非常有意思的是，如果仔細觀察這場中美貿易的時間、加徵稅率等問題，中美雙方的制裁與反制裁之爭可謂刀光劍影、步步緊逼。在每一輪美方宣佈對中方實施關稅制裁的時間節點上，中方都

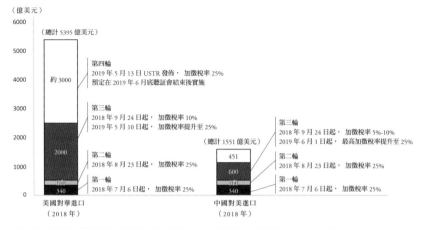

數據來源：關志雄：《中美貿易摩擦的擴大化和長期化 —— 中美脫鈎傾向漸顯》，RIETI，2019 年 6 月 26 日。

圖 1-2　中美制裁關稅和報復關稅的實施情況 [1]

快速反應、迅速出擊，選擇在同一時間展開對美方的關稅反制裁。
同時，中美雙方的加徵稅率正好持平，而中美雙方的加徵範圍也基
本可以覆蓋雙方的雙邊貿易。當然，美方展開對華貿易戰是一個突
然襲擊，但確實是一場有所準備的貿易制裁戰，有非常明確的加徵
清單和清晰的步驟。中方的反應也說明在中方的籃子裏，早已對美
國可能採取的各種舉措以及中方應有的反應有過慎重的考量和權
衡，這才能夠在一個非常短的時間空檔中立馬拿出一份有分量且有
威懾力的反制裁方案。

1　關志雄：《中美貿易摩擦的擴大化和長期化 —— 中美脫鈎傾向漸顯》，RIETI，2019 年 6
　月 26 日，https://www.rieti.go.jp/users/kan-si-yu/cn/c190626.html。

表 1-1　中美貿易戰和談判時間表

2017 年			
	8.14	美	特朗普簽署行政備忘錄，對中國發起貿易調查
	8.18	美	美國貿易代表辦公室（USTR）發起對華 301 調查
2018 年			
	2.27–3.3		第一輪中美貿易磋商（華盛頓）
	3.8	美	美國正式批准對進口鋼鐵徵收 25% 關稅、進口鋁徵收 10% 關稅
	3.22	美	特朗普宣佈計劃對中國 600 億美元的商品徵收關稅
第一輪	3.23	美	美國在世貿組織爭端解決機制下向中方提出磋商要求
		中	中國商務部宣佈，將對進口自美國的 30 億美元的商品徵收關稅
	4.2	中	中國宣佈對美進口的 128 項產品加徵 15% 或 25% 關稅
	4.3	美	美國正式提出要求對中國 500 億美元的商品徵收關稅
	4.4	中	中國提出要求對美進口的 106 項產品加徵 25% 的關稅
	4.5	美	美國貿易代表辦公室舉行針對中國 301 關稅清單公眾聽證會
		中	中國在世貿組織爭端解決機制下向美方提出磋商要求
	5.3–5.4		第二輪中美貿易磋商（北京）
	5.15–5.18		第三輪中美貿易磋商（華盛頓）
	5.19		中美在華盛頓發表《中美貿易磋商聯合聲明》
	5.29	美	美國宣佈仍將對中國 500 億美元商品徵收 25% 的關稅
	6.2–6.4		第四輪中美貿易磋商（北京）
	6.16	美	美國公佈 500 億美元商品關稅清單
		中	中國國務院關稅稅則委員會宣佈對美國 659 項約 500 億美元商品加徵 25% 的關稅

第一輪	7.6	美	美國宣佈於美東夏令時間 0 時 1 分（北京時間 6 日 12 時 1 分）起對第一批清單上 818 個類別、340 億美元的中國商品加徵 25% 的進口關稅
		中	中國海關總署表示，對美部分進口商品加徵關稅措施於北京時間 6 日 12 時 1 分開始正式實施
	7.10	美	美國公佈了對 2000 億美元中國進口商品徵收 10% 關稅的計劃
	8.1	美	特朗普要求美貿易代表考慮將 2000 億美元中國進口商品的關稅從 10% 提高到 20%
	8.3	中	國務院關稅稅則委員會決定對美 5207 個稅目 600 億美元商品加徵 5%-25% 的關稅
	8.8	美	美國貿易代表辦公室最後確定被加徵 25% 關稅的 160 億美元的中國進口產品列表
		中	國務院關稅稅則委員會決定自 8 月 23 日起對 500 億美元商品加徵 25% 的關稅
	8.22-8.23		中美就經貿問題舉行副部級磋商
	8.23		中美雙方於 8 月 8 日公佈的清單上出現的商品關稅正式生效
第二輪	9.18	美	美國正式對 2000 億美元的中國進口商品徵收 10% 的關稅。美國政府表示這一比例將在 2019 年 1 月 1 日上調至 25%
		中	中國決定對美 5207 個稅目、600 億美元商品加徵 5% 或 10% 的關稅
	12.1		中美雙方一致同意停止相互加徵新的關稅，並"休戰"90 天；特朗普同意將原定於 2019 年 1 月 1 日對 2000 億美元中國商品關稅上調至 25% 的決定推遲到 3 月 1 日
	2019 年		
	1.7-1.8		中美舉行經貿問題副部級磋商
	1.30-1.31		第五輪中美經貿磋商（華盛頓）

第二輪	2.14-2.15	第六輪中美經貿磋商（北京）
	2.21-2.22	第七輪中美經貿磋商（華盛頓）
	2.24　美	特朗普再度推遲了上調中國商品關稅的日期
	3.27-3.29	第八輪中美經貿磋商（北京）
	4.3-4.4	第九輪中美經貿磋商（華盛頓）
	4.30-5.1	第十輪中美經貿磋商（北京）
第三輪	5.6　美	特朗普發推文表示，計劃於 5 月 10 日對 2000 億美元中國商品的稅率提高到 25%
	5.8　美	美國貿易代表辦公室宣佈對華 2000 億美元商品徵稅從 10% 提升至 25%
	5.8　中	中方回應：如果美方關稅措施付諸實施，中方將不得不採取必要反制措施
	5.9-5.10	第十一輪中美經貿磋商（華盛頓）
	5.10　美	美國自美東夏令時間 10 日 0 時 1 分起對中國 2000 億美元商品徵收 25% 關稅（6 月 1 日抵達美國港口的，正式開始加徵）
	5.13　美	美國貿易代表辦公室公佈對 3000 億美元商品加徵 25% 關稅清單
	5.13　中	國務院關稅稅則委員會公佈對 600 億美元加徵關稅
	6.1　美	美國貿易辦公室宣佈將推遲對華部分商品徵稅時間至 6 月 15 日
	6.1　中	國務院關稅稅則委員會宣佈 600 億美元加徵關稅正式生效
	6.29	習近平與特朗普在大阪峰會舉行雙邊會談，同意重啟經貿磋商
	7.10　美	美國政府將免除對 110 種中國商品加徵高額關稅
	7.10　中	中國購買 51072 噸美國高粱作為響應
	7.30-7.31	第十二輪中美經貿磋商（上海）

	8.1	美	特朗普發推文表示，將在 9 月 1 日起對剩下的 3000 億美元中國商品加徵 10% 的小筆額外關稅
	8.13	美	美國貿易代表辦公室宣佈，對原計劃 3000 億美元中國商品中的 60% 徵稅推遲至 12 月 15 日，對剩餘 40% 按原計劃 9 月 1 日加徵 10%
	8.17	美	美國貿易代表辦公室宣佈，免除對 44 種中國商品加徵 10% 的關稅
第四輪	8.23	中	國務院關稅稅則委員會公佈對 5078 個稅目的美國商品加徵關稅，同時恢復對原產於美國的汽車及零部件加徵關稅
		美	特朗普發推文表示，將在 10 月 1 日起將 2500 億美元中國商品的 25% 關稅提升至 30%，另外在 9 月 1 日起實施的 3000 億美元中國商品的關稅從 10% 提升至 25%
	9.1	美	美對華 3000 億美元商品 15% 關稅正式實施
	9.11	中	國務院關稅稅則委員會發佈 16 個稅目商品排除加徵關稅，豁免期限為 2019 年 9 月 17 日—2020 年 9 月 16 日
		美	特朗普發推文表示，將推遲 2500 美元對華關稅提高日期從 10 月 1 日推遲到 10 月 15 日
	9.17	美	美國貿易代表辦公室宣佈對 437 項中國商品免除加徵關稅
	10.10−11		第十三輪中美經貿磋商（華盛頓）
	10.11	美	美國財政部長宣佈，暫停對 2500 億美元中國商品的關稅從 25% 提高到 30%
	11.6	美	美國商務部對原產於中國的碼釘產品做出反補貼初裁，對相關企業徵收最高達 156.99% 的反傾銷稅，預估約為 8875 萬美元
	11.7	美	美國商務部就對華瓷磚反傾銷案做出初裁，對相關企業徵收最高達 356.02% 的反傾銷稅，預估約為 4.83 億美元
	11.8	中	中國工信、自然資源部宣佈稀土、鎢為國家嚴格實行生產總量控制管理的產品

	11.22	美	美國聯邦通信委員會決定，禁止美國電信運營商使用項目資金購買中國華為和中興公司的設備
	12.5	中	中國外交部決定，對美國的外交人員實施對等反制
一階段協議（2020 年）			
12.13			中美兩國就第一階段經貿協議文本達成一致
1.15			美國時任總統特朗普與中國國務院副總理劉鶴，在華盛頓白宮簽署了《中華人民共和國政府和美利堅合眾國政府經濟貿易協議》

數據來源：作者整理。

　　中美之間進行了十三輪貿易磋商（參見表 1-1）。可以說，中美貿易戰是邊打邊談，進展緩慢，雙方分歧較大。就貿易戰的階段性結果而言，截至 2019 年 9 月 1 日，美國對外國商品徵收的關稅就已經達到 1960 年代以來的新高。同時，特朗普還計劃對中國運往美國的幾乎所有貿易產品徵收關稅。根據彼得森國際經濟研究所（Peterson Institute for International Economics）的數據顯示，此舉將把對中國進口商品的平均關稅從特朗普上任時的 3.1% 提高到 21.2%。作為響應，中國也已經提高了針對美國公司和產品的壁壘，同時降低了針對其他國家的壁壘。不斷變化的關稅政策已經導致兩國之間的貿易額大幅下跌。這些壁壘正在迅速重新配置全球經濟。2019 年上半年，美國從中國的進口下降了 12%，對中國的出口下降了 19%。[1] 中國與其他國家的貿易有所增長，部分抵消了與美

1　Chad P. Bown, Melina Kolb, 2019, Trump's Trade War Timeline：An Up-to-Date Guide, PIIE.

國的貿易下降。特朗普於似乎主張美國與中國部分 "脫鈎"，擺脫兩國在經濟上的相互依賴，並威脅動用總統的緊急狀態權力，迫使美國公司離開中國，中美貿易戰顯示出持續惡化的態勢。

另一值得關注的是，在中美貿易戰的中後期，科技之爭則成為了兩國爭論的重要焦點，美國將其焦點放了中國所推行的 "中國製造 2025"，認定中國在過去較長時間內竊取了美國核心的技術，並以此基礎大力發展核心製造業，對美國在全球產業鏈中的位置以及美國在高科技領域的優勢產生了嚴重威脅。因此，美國針對華為、中興等高科技公司採取了一系列遏制措施。而中國則在此觀點上毫不退讓。中方認為美國的行為是阻礙中國在美的投資活動，且在先進技術和核心技術上希望徹底遏制中國的發展。

綜上，特朗普領導的美國政府在 "美國優先" 的政策指引下，頻頻向其他經濟體發起貿易挑戰，貿易保護主義、單邊主義抬頭且有愈演愈烈的趨勢。在這樣的背景下，中美兩國之間必然存在重大分歧，而中美貿易戰則是其中一個爆發點。中美貿易戰不僅僅關乎兩國的經貿往來，而是已經開始往科技戰、金融戰等多個領域延伸，磋商前景不容樂觀。透過中美貿易戰，我們可以很好地觀察中美兩國在核心利益上的分歧，中美雙方各自採取的舉措以及背後的考量，美國對華政策的思維邏輯演變和中方的應對之舉。可以說，這樣一場貿易上的較量，是中國與美國兩個超級大國的博弈，而這種博弈過程是非常值得深入探討的。

第二篇

貿易戰大背景：美國對華戰略及其政策的演變

　　自美國總統特朗普執政以來，美國對華政策從戰略思維、觀念認知到策略運作都發生了自 1979 年中美關係正常化以來最為重大的變化和調整，而中美貿易戰正是這種變化中最為明顯的和最為突出的表現（但並非唯一表現）。只有從戰略高度來理解中美貿易戰，把它看成是美國整體對華戰略的有機組成部分，才能對中美貿易戰的性質和影響有更清晰的把握。

　　美國對華戰略和策略的調整雖然也在一定程度上反映了美國社會各階層對華的民意，但在更大程度上則是體現了美國精英階層，特別是共和黨執政精英群體的意識形態和利益需要。

　　這一部分將從戰略角度來理解中美貿易戰，並把它作為美國對華戰略的有機組成部分，以期對中美貿易戰的性質和影響作出清晰的把握。

第二章　美國對華戰略思維的改變：
競爭還是遏制？

（一）解讀新美國國家安全戰略

在 2018 年對中國發動貿易戰之前，特朗普政府早在 2017 年 12 月就已經出台了一個新的《美國國家安全戰略》（*National Security Strategy of the United States of America*），並在 2018 年 1 月又拋出了一個《美國國防戰略》（*National Defense Strategy of the United States of America*）。特朗普政府在執政不到一年的時間裏就連續出台了這兩個戰略，均早於美國前幾任政府。這說明，不管特朗普本人是否有一個清晰的全球和對華戰略觀，至少他的執政團隊是有的，而對華政策的調整正是在美國全球戰略調整的框架內進行的。而就美國的對華戰略思維而言，特朗普的國家安全戰略已做出了很多重大的調整。擇其要者，大致有以下幾點：

首先，中國在美國全球戰略中的分量有顯著提高。在此份國家安全戰略報告中，有關中國論述的篇幅大幅增加。經粗略統計，

"中國" 一詞出現了至少有 20 次以上，而在上一份由奧巴馬政府頒佈的國家安全戰略報告中，該詞僅出現了 3 次。很大程度上，特朗普政府的國家安全戰略報告是冷戰後，甚至可以說是 1945 年二戰結束之後，美國第一份以中國為中心的國家安全戰略。

其次，此報告是美國在冷戰後首次在其官方文件中，明確將中國和俄羅斯一起定位為美國的 "戰略競爭者"（strategic competitor），並據此認為國際政治的焦點已經重回所謂的 "大國競爭" 時代。"戰略競爭者" 這個詞當然不是完全新的提法。小布什（George W. Bush）早在 2000 年競選總統的時候就提出中國是美國的 "戰略競爭者"，而不是其前任克林頓（Bill Cliton）所說的 "戰略夥伴"。但在他當選之後，"9·11" 恐怖主義襲擊迫使美國將戰略重心轉移到中東和全球的反恐戰爭，這一提法逐漸被棄之不用，也並沒有在小布什政府的國家安全戰略中出現過。在特朗普時期，不僅特朗普政府將 "戰略競爭者" 作為對中國的官方定位，而且一些美國高官在其言論中也常常使用更帶有敵意的字眼來定義中國。例如，特朗普總統在 2018 年 1 月 30 日的首份國情諮文中，明確對中國的用詞為 "對手"（rival），該用詞比 "競爭者"（competitor）又嚴重了一些，雖然還沒到 "敵人"（enemy）的份上，但已有了 "敵手"、"勁敵" 的含義。

再次，美國的國家安全戰略和國防戰略均明確把中國定義為 "修正主義的大國"（revisionist power），這種對中國國家性質的判斷也是第一次出現在美國的官方戰略文件中。冷戰結束後，特別是 20 世紀 90 年代以來，美國政學界一直在進行一個非常重要的討論或爭論，那就是中國到底是一個維持現狀的國家，還是改變現狀即修正主義的國家？其爭論的實質是中國作為一個崛起的大國，能否與以美國和西方國家為主導的現存國際秩序並存共處。有些人認為，中國作為一個新興且堅持與西方格格不入的共產主義意識形態的大國，必然會尋求推翻現存的國際秩序；但更多的人則認為，中國已經完全融入了現存的國際體系，並從中獲得了巨大好處，沒有理由要"另起爐灶"。這場關於中國的討論並沒有得出明確的結論，辯論的雙方似乎都可以拿出對己方有利的證據，但現在特朗普政府為這場辯論畫上了一個句號，中國被認定是一個修正主義的大國，其目標是要挑戰和改變現存的國際秩序。

從把中國視為"戰略競爭者"這一定位出發，特朗普政府的國家安全戰略報告充滿着"競爭"的字眼。報告提到"競爭者"（competitor）、"競爭"（competition）、"競爭性"（competitive）多達 40 次，而且大部分與中國有關。這在冷戰以後美國歷屆政府發表的國家安全戰略報告當中，是史無前例的。那麼，中美之間是怎樣的一種競爭呢？按照美國國家安全戰略的描述，中美之間的競爭是戰略性、多領域、全方位的競爭，是包括經濟、軍事、信息、情報、網絡、多邊外交等多領域的競爭，是幾乎囊括了所有的大陸（被報告點名的地區就有印太、歐洲、西半球和非洲）的競爭。

更具體地來講，按照特朗普美國國家安全戰略的分析，中國對美國至少構成了以下七大挑戰：

一是中國正在建設一支世界上最有能力、資金最為雄厚的軍事力量，以限制美國在亞太地區的行動；

二是中國通過大規模"盜竊"美國知識產權和不公平貿易，危害了美國的經濟繁榮；

三是中國在南海等領土爭端上的強勢作為，損害了包括美國在內的其他國家的主權；

四是中國在世界各地進行大規模的基礎設施和其他方面的投資來支持其地緣政治抱負；

五是中國採用各種形式的所謂"銳實力"（Sharp Power）來擴大它對其他國家的影響；

六是中國擴張其在非洲、拉美、歐洲等地區的經濟軍事影響力，威脅美國在這些地區的利益和影響；

七是中國試圖通過上述的種種方式，擴散和輸出它的政治制度和經濟模式，從而重塑地區和世界秩序。

從美國的角度來看，這七大方面構成了中國對美國在全球領導地位和影響力的全面競爭和挑戰。更值得關注的是，這個報告已經把中美在具體問題上的矛盾和衝突上升為兩種世界秩序之爭，兩種社會制度之爭。[1]

---

[1] 這種競爭最明顯的就是表現在所謂印太地區。報告聲稱，一場關於自由和專制世界秩序構想的地緣政治競爭正在印太地區展開。雖然沒有點名，但是明眼人一看就知道，這裏講的就是中美之間在印太地區的競爭。

　　從以上的分析不難看出，美國對中國在戰略上的定位和判斷確實發生了非常重大的變化。不過仔細分析起來，這些變化也不完全是特朗普政府的發明。冷戰結束之後，美國共和黨內的保守派，特別是所謂的 "新保守主義者"（neoconservatists），就有意把中國定義為美國的主要戰略對手。他們早在 20 世紀 90 年代就已經草擬了一個文件，提出美國在冷戰後的全球戰略目標，是在蘇聯垮台之後，防止在世界範圍內出現另一個能夠與美國平起平坐的國家（peer competitor）。這些新保守派的重要代表人物，如切尼（Dick Cheney）、沃爾福威茨（Paul Wolfowitz）和拉姆斯菲爾德（Donald Rumsfeld）等，後來都成為小布什政府的重臣。他們當時就有意要出台將中國視為主要戰略對手的美國國家安全戰略，但 2001 年以 "9‧11 事件" 為代表的國際恐怖主義的橫空出世暫時中止了共和黨保守派的對華戰略轉向。而當 2017 年共和黨保守派再次執政時，國際戰略形勢已經發生了 "百年未遇之大變局"。中國力量呈現超出美國預期的迅速壯大態勢，俄羅斯的強勢回歸，伊斯蘭國、基地組織等恐怖組織基本上被摧毀，美國自 2008 年金融危機之後遭遇的相對頹勢，再加上特朗普起用了一批鷹派色彩濃重、具有軍方背景的前官員組成他的第一個國家安全團隊，這些均為美國全球戰略的再次蛻變創造了主客觀條件。

　　可以說，將中國定義為主要對手的美國國家安全戰略的問世，因國際恐怖主義的異軍突起而被推遲了整整 17 年，而這 17 年給了中國一個難得的戰略機遇期。美國認為，在這 17 年裏，中國得以"彎道超車"加速崛起；用特朗普的話來說就是，中國佔了大便宜，而美國則吃了大虧。所以，美國不希望看到這種局面再繼續下去了。中共十九大報告提到，中國目前仍然處於一個戰略機遇期。姑且不說這個判斷是否正確，至少對美國而言，它是不會給中國再延長這個戰略機遇期了。所以，從美國全球戰略和對華戰略調整的角度來看，中美貿易戰的發生有其必然性。

（二）"全政府" /"全社會" 對 "舉國體制"

2017 年美國國家安全戰略定下的對華政策基調，不斷被美國政府的文件和官員的言論所重申、充實、加強甚至擴展，也逐步變成美國政府的具體對華策略和政策。例如，時任美國副總統彭斯（Mike Pence）在 2018 年 10 月發表的對華政策長篇演講中，引用美國國家安全戰略中關於世界已經進入 "大國競爭" 的判斷，認為大國正在試圖重塑它們在區域和全球的影響力，挑戰美國的地緣政治優勢，改變國際秩序，以使之符合它們的利益。在此次演講中，彭斯對中國進行了全面和系統的攻擊和批評，其措辭之嚴厲、激烈程度之兇猛為冷戰後之最。他聲稱北京正在使用一種 "全政府" 的手段，利用政治、經濟、軍事工具以及宣傳，在美國和世界範圍內推進其影響和利益，而且中國也比以往更活躍地使用其力量，來影響並干預美國的國內政策和政治。他聲稱在特朗普的領導下，美國將開始對中國展開決定性的回擊。

除彭斯以外，諸多特朗普政府高級官員在演講或作證時都把中國定義為美國主要的戰略對手。時任美國國務卿蓬佩奧（Mike Pompeo）認為，中國幾乎已經可以與美國平起平坐了，是第二次世界大戰以來美國碰到的最強的對手。新任美國國防部長埃斯珀（Mark Esper）在國會對他的任命舉行的聽證會上也把中國稱為 "最重要的大國競爭者"。新任美國參謀長聯席會議主席米利（Mark A. Milley）則把中國定義為 "今後五十年到一百年對美國國家安全的主要挑戰者"。一些美國官員還在國家安全戰略報告的基礎上，不斷給中美之間可能的對抗和衝突加碼。例如，2019 年 4 月，美國國務院政策設計委員會主任斯金納（Kiron Skinner）在一次研討會上就中美關係發表了危言聳聽的發言。她稱特朗普政府把中國視為 "長期的和基本的威脅"。她認為，中美之間的對抗有很多美國人無法理解的歷史、意識形態、文化和戰略因素，中美之間的較量恰是不同文明和意識形態之間的較量，而這是美國從來沒有遇到過的。美國第一次碰到了一個非白種人的大國競爭者。這種把中美之間的競爭上升到文明衝突層次的言論，而且是出自特朗普政府負責長遠政策設計的官員之口，不免讓人感到不寒而慄。另外一位美國高官，負責國際安全事務的助理國務卿福特（Christopher A. Ford）似乎覺得把中國說成是 "修正主義大國" 還意猶未盡，又加了一個形容詞，把中國說成是一個 "復仇主義"（revanchist）大國。

在此份國家安全戰略設定的框架內，美國政府制定了一系列地區性的戰略，其中對中美關係尤為重要的就是所謂的印太戰略。國家安全戰略把印太地區視為中美博弈的主戰場，當然就需要一個新的戰略來取代奧巴馬政府的"重返亞太"戰略。2017年10月，當時的美國國務卿蒂勒森（Rex W. Tillerson）首次使用了"印太"的概念，包括整個印度洋和西太平洋及其周圍地區。特朗普總統在同年11月的亞太經合組織會議上拋出了"自由開放的印太"（FOIP）概念。美國國務院官員在關於印太的簡報中確認，印太是一個"戰略"。隨後，時任美國國防部長的馬蒂斯在2018年新加坡香格里拉安全對話上明確，印太戰略是更為廣泛的美國國家安全戰略的子戰略。為進一步坐實印太戰略，2018年5月，美國國防部正式將太平洋司令部改為印太司令部。在經過一眾美國高官不斷充實印太戰略的內容之後，美國國防部在2019年6月公佈了一份印太戰略報告（*Indo-Pacific Strategy Report*），明確了印太是美國國防部的優先戰區。該報告指出，美國在這一地區國家安全的主要關注是國家之間的戰略競爭，而這種競爭來自於自由和專制兩種不同的世界秩序願景所造成的地緣政治對立。很明顯，這是指美國與中國在這一地區的對立和競爭。報告專門有一個部分討論中國作為一個修正主義大國的問題，指責中國在中國共產黨的領導下，試圖通過軍事現代化、影響力操作和掠奪性的經濟活動等多種途徑來脅迫其他國家，從而在地區秩序作出有利於中國的重新安排。

　　根據美國國家安全戰略對中國的定位，美國政府還提出了如何應對中國競爭的全新觀念和策略。美國國務院負責國際安全事務的助理國務卿福特在2019年9月的一次關於大國競爭的會議上指出，2017年的美國國家安全戰略和2018年的美國國防戰略報告為美國的對華政策提供了非常清晰的指引，這也是以前所缺乏的。在這兩個文件的指導下，如何應對來自中國的挑戰成為制定美國外交和國家安全政策的核心目標。美國政府各部門為此發展出了一個所謂 "全政府"（whole of government）的對華戰略。所謂 "全政府" 的戰略，意味着美國對華政策不再是幾個涉外部門如國務院和國防部的單打獨鬥，而是要動員整個美國行政當局各部門的資源，通過更好的整合和協調來應對來自中國的挑戰。在 "全政府" 方針的推動下，美國政府各部門都把中國問題作為頭等大事和當務之急，制定自己的戰略計劃來加強與中國的競爭，並為貫徹美國的整體對華戰略做出貢獻。例如，美國國務院的各政策司局被要求提出自己應對中國挑戰的戰略計劃，之後由副國務卿收集和協調，而在整個國務院層面則由第一副國務卿加以監督。在很大程度上，這個 "全政府" 的辦法被認為是針對中國的 "舉國體制"（whole of system）而提出的。因為社會體制的局限，美國無法仿效中國的舉國體制，但至少美國可以打破政府內部各部門之間的藩籬，集中力量來應對中國的挑戰。[1]

這個用所謂的 "全政府" 手段對付中國的思路也得到了美國政府其他高級官員和關鍵部門負責人的響應。例如，美國聯邦調查局局長雷（Christopher Wray）提出要用 "全社會"（whole of society）

---

1 例如，在保護美國國防工業基礎方面，就牽涉到網絡安全、出口管制、對科研的投資、發放簽證的各個方面，需要多個部門的協同才能有效地防止中國對美國軍用技術的 "偷竊"。

來應對中國經濟間諜活動對美國造成的威脅。他聲稱，中國在情報收集方面所構成的威脅要超過任何其他國家，其目標是獲得美國的信息、想法、創新、研究、發展和技術。對此，中國採取了一種社會化的方式來盜竊美國的創新成果，也就是通過商業機構、大學等組織[1]來這麼做，所以美國要用全社會的方式來應對來自中國全社會的威脅。為此，聯邦調查局不斷向美國研究型大學施加壓力，要求他們與聯邦調查局合作，採取措施防止敏感信息和技術被盜。

（三）競爭還是遏制？

究竟應當如何看待特朗普時期美國對華戰略和策略思路中這些重大和明顯改變的性質，仍是一個非常值得討論的問題。中國學者普遍認為，美國的對華政策已從過去的接觸變成遏制，其主要目的是要遏制中國發展的勢頭，維持美國的獨霸地位。該觀點也得到了部分美國學術界同仁的認同。

但到目前為止，美國官方一直明確否認美國有一個對華遏制的新戰略。特朗普政府公佈的兩份國家安全文件雖然充塞了"競爭"的字眼，但"遏制"這個詞一次也沒有出現過。國家安全戰略報告還強調，加強與中國的競爭並不一定要導致敵對，導致衝突，相反競爭可以防止衝突。美國官員也曾多次公開或私下表示，美國沒有一個遏制中國的戰略，美國政府仍然致力於與中國建立建設性的、

1　包括政府組織、國營企業，所謂的私營企業，研究生和研究者等等。

以結果為導向的中美關係。例如，時任美國國務卿蓬佩奧（Mike Pompeo）就曾多次表示，美國並不追求一種對華的冷戰或遏制的政策。美國只是希望中國能夠以一種負責任和公正的態度來追求中美兩國的安全和繁榮。在另一個場合，他還表示，儘管中美在很多問題上有不同看法，美國並不反對中國的發展，沒有阻止中國的意圖，也沒有全面遏制中國的政策。美國和中國是世界上兩個最大的經濟體和最強大的國家，對世界和平和繁榮負有重大責任。時任美國副總統彭斯（Mike Pence）在其講話中對中國竭盡攻擊之能事，但是在講話的最後還是表示，美國希望與北京建立建設性的關係，共同促進兩國的繁榮和安全，而不是分離。之前提到的提出要對中國採取“全政府”策略以防止中國獲取美國軍事技術的福特，也認為美國並不是要對中國實行全面的高技術禁運，因為這麼做既不利於全球的技術創新和競爭，也不利於美國的經濟安全和外交政策利益。美國針對中國的戰略應該是競爭與合作的結合。美國不應該完全切斷和中國的高技術貿易。與特朗普政府走得比較近的美國中國問題專家白邦瑞（Michael Pillsbury）也強調，特朗普既沒有要打“冷戰 2.0”或者“遏制中國”的意圖，也不會“煽動香港的示威者”，並以此來搞亂中國。所以，特朗普的對華戰略是一個很複雜的混合體，並不能簡單地用一個詞來加以定義，而是要通過分析它的不同面向和具體內容來做出較為全面的判斷。

第三章　美國社會對華認知的改變：有沒有一個新共識？

　　特朗普政府對華戰略思維的改變並不是無源之水、無本之木，而是有着一定社會基礎的。總的來說，美國社會的各個階層，從精英到普羅大眾，在對華問題上都有一種求變的心態。就精英階層而言，他們對華認知的改變，更多來自中國的崛起以及這種崛起帶來的中美之間力量平衡所出現的變化，而這些變化使得他們對原來已經習慣的一些對華的基本認知產生了動搖和懷疑。就美國的一般民眾而言，他們對華認知的變化，更多是受到精英階層對華認知變化的影響，也就是受到美國精英意見領袖通過各種媒介和渠道對他們的中國觀進行的塑造。

　　毫無疑問，美國人對中國的看法已經發生了很大的變化，但是這種變化是否形成了一種新的對華共識？如果有的話，又是怎樣的一個共識？這些都是值得探討的問題。

（一）特朗普團隊的對華認知

　　作為美國對華政策的直接制定者，特朗普團隊的對華認知與其他階層相比更為重要，也是首要關注的重點。從廣義來說，特朗普團隊的對華認知受到核心人物和核心力量包括特朗普本人，特朗普經貿、國安、外交和國防團隊的影響，也不排除體制外關鍵人物和助理的影響。

特朗普

　　特朗普政府的頭號決策人物當然是總統特朗普本人。他對外交事務和中國的認知會對美國對華政策產生關鍵的影響。在特朗普競選總統期間和執政初期，應該說特朗普的對華認知主要是集中在貿易問題上。他對中國攻擊和批評的矛頭集中在中美之間的貿易逆差和中美經貿關係中的其他問題。

　　特朗普對中美貿易逆差問題的癡迷，來自於他長期商業實踐中形成的對關稅問題的根深蒂固的看法。特朗普聲稱，他"非常相信關稅"。早在 20 世紀 80 年代，特朗普就認為，美國被日本、德國、沙特阿拉伯、韓國等國家的不正當貿易手段"宰"（rip off）了，導致美國成為一個債務國家。因此，他主張對日本的進口商品徵收 15%—20% 的關稅，通過關稅來保護自身利益。三十年之後，他用相同的話來批評中國。所以，有研究者認為，日本在經濟上的崛起在很大程度上影響了特朗普的世界觀，使得關稅成為了他的核心觀念。在關稅問題上，他幾乎聽不進任何人的意見，包括他最仰仗的顧問。而且，他堅信，提高關稅的代價應當由被徵關稅的國家承擔，而不是美國的公司和消費者承擔。在他擔任總統的初期，白宮每週二上午會舉行有關貿易的會議，會議常常變成他的主要經濟顧問之間的辯論。一方是經濟民族主義者如納瓦羅（Peter Navarro），一方是經濟全球主義者如科恩（Gary Cohn）。特朗普顯然是站在經濟民族主義者一方的，所以，最後主張自由貿易的科恩不得不離開了白宮。因此，經濟民族主義和貿易重商主義是特朗普中國觀的思想基礎。

由於缺乏外交經驗，特朗普至少在擔任總統初期並不是一個具有戰略眼光的人，他對中美關係戰略層面的考慮也比較少。雖然他在 2017 年底批准了美國國家安全戰略報告，但是這個報告主要是由他手下的國安班子起草的。他在多大程度上領會並接受了國家安全戰略報告的對華思路，並不是很清楚。這可以從他在宣佈國家安全戰略報告的記者招待會上的講話中看出一些端倪。他在這個記者招待會上講話的調子與國安報告的重點還是有一定的落差。國安報告認為，修正主義大國是對美國的主要威脅；但是，特朗普在談到大國競爭時只是一筆帶過，而且還認為美國可以與修正主義大國如俄羅斯，建立"良好的夥伴關係"。但是，在發動對華貿易戰之後，特朗普的對華觀念開始發生變化，這可能是由兩方面原因所造成：一是對華貿易戰比預想的難打，談判處於膠着狀態。最初，他以為，在貿易問題上對中國極限施壓，中國可能會像加拿大、墨西哥或日本一樣在美國壓力下很快就會俯首稱臣，但中方在貿易談判中表現出來的不怕打貿易戰、願意奉陪到底的堅定態度和中國經濟的韌性出乎特朗普的意料。因此，在貿易問題上對中國日益增長的不滿，使得特朗普更傾向於把中國看作是敵對的國家；二是隨着頻繁的人事變動，特朗普的國安團隊變得越來越保守強硬和反華。蓬佩奧、博爾頓、彭斯、納瓦羅等人屬於共和黨內部的極右派。他們把中國看作美國的長期戰略對手，試圖通過遏制中國並與中國"脫鈎"等手段，以阻斷中國崛起的勢頭。受此影響，防止中國取代美國霸權的戰略思維開始對特朗普發生影響，使得特朗普對中國在不久的將來可能超過美國的前景感到越來越不安。例如，特朗普在 2019 年 4 月罕見地給美國前總統卡特（Jimmy Carter）打電話，談到了中美貿易等一系列問題。很顯然，特朗普是就如何對付中國這個難纏的對手向卡特問計的。卡特披露，特朗普在與他通電話時稱，中國正走在美國的前面，對中國可能超過美國感到不安。

　　因此在其執政後期，特朗普關於中國的言論開始帶有了明顯的戰略思考。例如，特朗普在 2019 年 9 月 20 日的一次談話中，第一次明確把中國說成是威脅，並聲稱："我對中國的看法有很多方面，但我目前的主要考慮是貿易。不過，你知道，貿易和軍事是同等重要的。"這就說明，特朗普的中國觀開始走出貿易問題，呈現不同的層面。在中國國慶 70 週年的前夕，特朗普在推特中說："在經過很多年之後，美國終於被中國要超越我們成為 21 世紀主導經濟和軍事的超級強國的計劃和抱負所驚醒。美國終於在貿易和軍事競爭領域對此做出了反應（感謝特朗普總統）。美國的反應正在貿易中發生，正在軍事競爭中發生。我們正在贏，我們會贏。"這說明，特朗普已經接受了中國有取代美國的戰略意圖的說法。

特朗普對華認知的複雜性、多面性和他獨特的個人外交決策風格相結合，當然會影響到美國對華政策的走向和實施。他的外交風格有這樣幾個特點：

一是常常撇開正常的決策程序和外交政策顧問，完全根據自己的直覺和本能進行決策。例如，2018 年與朝鮮領導人金正恩的第一次新加坡峰會，2019 年突發奇想跨過板門店軍事分界線會見金正恩的驚人之舉，都是特朗普外交風格的典型表現。而 2019 年6 月針對美國一架無人機被擊落事件，美國計劃對伊朗進行報復空襲，特朗普在行動即將開始前的十分鐘突然叫停，讓手下一眾美國官員目瞪口呆，這更是這種外交風格淋漓盡致的表現。

二是反復無常，出爾反爾，讓對手捉摸不定。特朗普在《交易的藝術》（*Trump: The Art of the Deal*）一書中承認："多數人對我的行事方式感到驚訝，我經常會出爾反爾。"在特朗普看來，這種強勢的、不可預測的談判風格能使他得到更大的經濟讓步，多年來這種談判方式非常有效，而且對美國來說更有效果。在中美貿易談判中，特朗普就反復使用這種談判伎倆，使得中方對美方的信用完全失去信心。而當中方"以其人之道，還治其人之身"也來玩一回"反悔"時，特朗普就大光其火，覺得不可接受了。

三是在外交中強調與外國領導人的私人關係，尤其是格外強調與美國關係有問題的國家領導人個人的關係，例如，俄國領導人普京，朝鮮領導人金正恩。對中國，特朗普一方面揮舞關稅、科技、金融大棒，欲置中國經濟於死地；另一方面，盛讚與國家領導人習近平的私人友誼，且從不吝惜讚美之詞。例如，2019 年 8 月，特朗普宣佈對所有中國輸美商品徵收關稅，導致中美貿易戰陷入僵局，但他仍然大言不慚地聲稱他與中國領導人習近平有着令人稱奇的、非常良好的個人關係。這種把領導人個人關係與國家關係加以區分的做法，實際上也是特朗普的一種外交手法，為兩國關係陷於緊張情況下可能的轉圜預留了退路。

　　四是對對手極限施壓，但又避免發生衝突。特朗普另一個慣用的外交伎倆是用各種可能的手段對對方施加最大的壓力，試圖使對方失去平衡，從而屈服於美國的要求，但實際上他提出的極端的要求並不是其真正的目標，而只是逼對方讓步的手段。這種外交伎倆在中美貿易談判中可謂屢見不鮮。例如在 2019 年 8 月，特朗普突然揚言要對所有的中國商品徵收關稅，其真實目的是要逼中方讓步，到 10 月中美第十三輪高級別磋商時，特朗普"讓步"為不增加新的關稅，促使中方同意了向美國大量購買農產品。但另一方面，縱然特朗普喜歡極限施壓，但這並不意味着他希望衝突，或有一旦施壓不成就使用武力的傾向性。據說，在特朗普僱用博爾頓（John R. Bolton）擔任美國國家安全事務助理時就曾表明，他本人不喜歡戰爭，不希望喜歡戰爭的博爾頓將美國拖入一場戰爭。最終，博爾頓被解職，這與兩人在使用武力問題上的分歧有很大關係。尤其是，在伊朗擊落美國無人機和無人機襲擊沙特油田設施兩個事件之後，特朗普仍然遲遲不使用武力報復，可見他在對外用兵問題上的謹慎態度。所以，特朗普玩的是"邊緣政策"，口頭上可以威脅要徹底摧毀和消滅對方，但到了見真章的時候，他反而變得裹足不前。對此，他的批評者認為，特朗普不願意使用武力的傾向很容易被美國的敵人看作是軟弱的表現。

特朗普團隊

除特朗普本人外，特朗普團隊（重點包括經貿、國安、外交和國防等），尤其是其核心成員，均對美國對華新戰略的政策化起到重要作用。

到目前為止，特朗普團隊表現出以下特點：一是與歷任美國總統團隊相比，特朗普團隊的人事變動非常頻繁。在上台短短不到三年時間裏，國家安全事務助理換了三個，國務卿換了一個，國防部長換了一個，部長以下的換得就更多，還有一大批長期空缺。二是特朗普團隊主要成員的政策傾向變得越來越保守和強硬。雖然特朗普政府初期的主要外交政策顧問總體上仍然代表了共和黨內的保守勢力，但是不乏相對比較理性溫和的人士，如國務卿蒂勒森（Rex W. Tillerson）、國家安全事務助理麥克馬斯特（H.R.McMaster）、國防部長馬蒂斯（James N. Mattis）和國家經濟委員會主任科恩（Gary Cohn）等。但隨着這些人士的相繼離職，特朗普團隊變得更為保守、強硬和咄咄逼人。三是雖然特朗普外交團隊強硬保守派佔了上風，但是並不等於他們的政策主張也總是會佔上風。特朗普起用像博爾頓、蓬佩奧這樣的人士擔任要職，一方面可能是因為他們與特朗普的政策理念、個人風格比較相投，另一方面也可能是因為特朗普已經無人可用而不得不起用他們。[1] 但是，這些極端保守人士任職之後的實踐表明，他們的政策理念和政策傾向與特朗普並不總是一致。例如，博爾頓與特朗普在對外使用武力的問題上的態度就南轅北轍。況且，特朗普是一個個性極強的人，在其非常在意的問題上，顧問們的作用就比較有限。與特朗普走得比較近的中國問題專家白邦瑞（Michael Pillsbury）在回答誰是特朗普最重要的中國問題專家時就曾提及，特朗普最重要的對華政策顧問其實是他自己。所以，雖然特朗普和其主要顧問在總體對華政策思路上是一致的，並不等於他會同意他們提出的每一項政策建議。

這裏可以大致剖析一下特朗普的經貿、國安、外交和國防團隊主要成員的觀念和政策的傾向，從中看出他們對特朗普對華政策的影響。

從中美貿易戰的角度看，他的經貿團隊是最重要的。這個團隊主要包括財政部長姆努欽（Steven Mnuchin）、國家貿易和製造業辦公室主任委員會納瓦羅（Peter Navarro）、貿易代表萊特希澤（Robert E. Lighthizer）和白宮國家經濟委員會主任庫德洛（Larry Kudlow）。這些人當中，姆努欽和庫德洛相對比較溫和，而納瓦羅和萊特希澤則相對更為強硬。

---

1 比較理性務實的共和黨保守派人士在看到蒂勒森、馬蒂斯等人的前車之鑒之後，即使請他們去，可能也不願意為特朗普政府效力。

　　美國財政部長姆努欽可以說是目前特朗普團隊中對華最溫和的一位了。姆努欽是典型的華爾街金融高管，在高盛任職長達十七年，自 2004 年起與特朗普在商業地產方面有合作。加入特朗普團隊後，他力挺特朗普的減稅政策，在促成美國國會通過歷史上最大的稅改法案中立下了汗馬功勞。在對華貿易問題上，姆努欽認同中美之間的巨額貿易赤字是不可持續的，必須加以解決，但並不贊成特朗普用關稅進行極限施壓的方式來達到目的。他強調，美國不是在和中國打一場貿易戰，而是進行一場貿易爭論，美國為了保護其核心技術而對外施加的關稅不僅僅是針對中國的，對其他國家也一樣。因此，他主張用漸進的方式，在現有的多邊國際貿易框架下，通過談判來達成與中國的協議。姆努欽溫文爾雅的談判風格和相對溫和的立場，與談判團隊中喜歡直截了當的美國貿易談判代表萊特希澤以及頑固激進的國家貿易和製造業政策委員會主席納瓦羅形成鮮明對照，也產生了一些矛盾。最明顯的一次是 2018 年 5 月，美國代表團全數奔赴北京與中方做最後談判時，納瓦羅與他發生激烈爭吵，指責其與中國副總理劉鶴搞私下交易，出賣美國利益。特朗普讓他和萊特希澤共同牽頭美中經貿談判，應當是出於平衡像納瓦羅這樣的對華激進派的考慮。

　　特朗普首席經濟顧問庫德洛在進入白宮前曾是一位金融分析師，長時間擔任過美國 CNBC 電視台的金融節目主持人。他曾任職於里根政府白宮管理和預算辦公室，在競選期間擔任特朗普的稅收和經濟顧問。庫德洛本質上是一個自由貿易主義者，支持北美貿易協議，支持全球化，總的來說也反對關稅。但是，他是特朗普經濟政策的堅定支持者，認同特朗普對中國所謂不公平貿易的各項指責，認為應該給中國的做法一個強硬的響應。不過，庫德洛並不主張過度運用關稅施壓作為貿易談判策略，也曾公開反對特朗普對進口鋼鋁產品徵收關稅。他認為，增加關稅的手段從來不能說明達到目的，且貿易戰中受損失的也不只是中國一方，而是對中美雙方都有害。庫德洛不是中美"脫鈎"的強力鼓吹者。他在對華策略上主張，美國應該領導一個由世界主要貿易國家組成的聯盟，共同對付中國，共同解決中國不公平貿易問題。在中美貿易戰中，庫德洛一般不參加一線的談判，往往在談判遇到嚴重困難時，跑出來說幾句不痛不癢、表示樂觀的話，以給市場增加一點信心和希望。例如，在 2019 年 10 月 10 日，中美第十三輪高級別磋商前夕，他對媒體就表示，特朗普仍然希望與中國達成貿易協議。這一輪談判或許會有出人意料的積極進展。當然，這一次卻有幸給他言中了。

　　美國貿易代表萊特希澤曾經在里根政府時期擔任副貿易代表，被認為是美日之間"廣場協議"[1]的主要操盤手。他的專業領域是代表美國大公司進行貿易訴訟。早在 1997 年，他就公開撰文反對中國加入世貿組織。萊特希澤認為，美國與中國的貿易問題和以往與日本、歐洲等國家的貿易糾紛不同，是無法通過現有的國際框架如世貿組織得以解決的，而必須採取非常手段，甚至另起爐灶，通過

1　這個協議導致日本經濟長達二十年的停滯。

建立新的體制來解決。這與特朗普試圖拋棄全球多邊貿易體系，通過雙邊談判來使美國的貿易利益最大化的觀點非常接近。他對中國的批評不僅僅停留在貿易層面，而是上升到體制和模式的層面。他認為，西方世界面臨一個巨大且難以應對的挑戰，這就是中國。他認為，中國深思熟慮地在國家層面發展自己的經濟，為出口商品提供補貼，扶植明星企業，強迫專利技術的轉移，扭曲世界的市場供求關係。這種行為不僅發生在中國國內，更發生在全世界範圍內。以此而形成的所謂"中國模式"，對於當今世界貿易體系構成的威脅是前所未有的。同時，萊特希澤在美國國會作證時還聲稱，中國的經濟和政治體制與世貿組織的基本理念是在根本上無法協調和共生的，因此，之前認為通過讓中國加入世貿組織會為美國帶來經濟繁榮和廉價產品，以及促進中國逐步走向美國式民主的想法是錯誤的，而且美國政府對中國重商主義的一切做法沒有採取強有力的措施來阻止也是錯誤的。因此，美國必須儘可能使中國為它的違規的、非經濟的做法付出高昂代價。萊特希澤提出，美國應當拋棄以往被動消極的做法，採取更加激進和強有力的做法來迫使中國遵守規矩。在政策層面，他主張通過制裁和加徵關稅的方式來迫使中國進行更多結構性的改變，比如，削減中國政府對一些高科技領域公司的補貼。他認為，中美之間的經貿摩擦是個長期問題，需要數年才能解決。很顯然，在中美貿易談判中，美方向中方提出一系列結構制度性質的改革要求背後的主要推手就是萊特希澤。特朗普在經濟理念和政策思路上更傾向於萊特希澤，所以讓他擔任美國談判團隊的一號人物。

特朗普政府經貿團隊的另一位強硬派，是白宮國家貿易與製造業政策辦公室主任納瓦羅[1]。納瓦羅對美國長年的貿易逆差耿耿於懷，批評德國、中國進行貿易操控；主張擴大美國製造業規模，建立高關稅，使全球供應鏈回流；強烈反對北美自由貿易協議（North American Free Trade Agreement, NAFTA）和跨太平洋夥伴關係協議（Trans-Pacific Partnership）。在中國問題上，納瓦羅以出版兩本暢銷書《即將到來的中國戰爭》（*The Coming China Wars*）和《死於中國之手》（*Death by China*）而名噪一時。這兩本書以誇張的筆法，妖魔化的語言，不實的指控，把中國描繪成"全球性的污染工廠"、"疫病溫床"。尤其是在《死於中國之手》一書中，納瓦羅指責中國政府通過操控貨幣、大量補貼、劣質商品傾銷等不公平的貿易和手段佔領了世界市場，消滅了美國幾百萬工作機會，搞垮了美國的製造業和中產階級，造成了美國產業的空心化和一系列社會問題。更為嚴重的是，中國無法滿足的野心導致它與美國的衝突在所難免。因此，美國應當對中國的不平等貿易做出反擊，對中國商品徵收高額關稅，退出相關貿易協議，增加軍費開支以及加強與台灣的軍事關係等。除此之外，納瓦羅也曾在媒體上公開指控中國用

---

1 納瓦羅原來是美國加州大學爾灣分校的一名退休教授。他實際上是民主黨人，屢次競選公職失敗，從中可以看出他從政的強烈願望。由於他在貿易問題上的偏激和極端的看法，被認為是一名非主流的經濟學家。如果不是遇上了一位同樣非主流的美國總統，應該是沒有機會成為美國政府的最高權力機構白宮的座上賓的。

"偷竊"的方法獲取美國的科技成果，逃避出口管控，而這樣的中美關係必須做徹底的結構調整。

　　進入白宮後，納瓦羅危言聳聽的調子並未得到改變，甚至有愈演愈烈的趨勢。2018 年 6 月，納瓦羅主持發佈了題為"中國的經濟侵略如何威脅到美國和世界的技術和知識產權"的報告，明確將"不符合經濟規則"的行為定義為經濟侵略，且認為這是中國大規模工業現代化和經濟增長的原因。隨後在華盛頓智庫哈德遜研究所（Hudson Institute）發表的演講中，納瓦羅進一步列舉了中國進行所謂"經濟侵略"對美國經濟和國家安全造成損害的六大策略及五十多種行為。這些極端的言論使得納瓦羅成為特朗普團隊中對華最激進的強硬派之一。他的貿易理念和對中國的指控在很大程度上影響了特朗普的對華經貿政策。特朗普對他非常信任，兩人之間有良好的私人關係。其他人一直在走馬燈似地換，而他的工作一直安然無恙。他的職位是特朗普為他量身定做的，是整合現有美國國家安全委員會（NSC）、國家經濟會議（NEC）及國內政策會議（Domestic Policy Council）而新設立的白宮國家貿易和製造業政策辦公室主任（Director of Trade and Manufactural Policy）。但是，由於他的立場過於極端，為了不影響貿易談判的順利進行，在幾經周折之後，最後特朗普把他排除出了對華貿易談判團隊。

　　在特朗普的外交團隊中，曾擔任國家事務助理的博爾頓可以說是國安團隊的頭號硬派。博爾頓曾在里根政府中擔任過助理司法部長，在老布什政府中擔任過負責國際組織事務的助理國務卿，後被任命為美國駐聯合國大使。博爾頓是美國政界典型的 "新保守主義" 代表人物，主張用美國的軍事力量來擴大和鞏固美國在世界上的霸權地位。而且，博爾頓是由始至終的強硬派，例如支持美國入侵伊拉克，主張採用利比亞模式解決朝核問題，主張對伊朗使用武力。在對華經貿關係上，博爾頓一直主張對華實行全面的懲罰性關稅，堅決支持特朗普的對華貿易戰，將其稱之為逼中國就範的 "休克療法"（shock therapy）。他多次在《華爾街日報》等媒體發表文章，主張與台灣建立更緊密的政治和軍事關係；也主張在南海、東海問題上與中國對抗，聯合其他亞洲盟友共同阻止中國的崛起。特朗普當選後組織班子時就曾考慮過讓他擔任國務卿，但是因為他的立場過於強硬而作罷。麥克馬斯特辭職後，特朗普無人可用而起用了博爾頓，但兩人在一系列政策問題和個性上的分歧很快暴露出來。博爾頓和特朗普團隊的其他成員如蓬佩奧也合不來。最後，博爾頓只在白宮待了一年就黯然下台。

　　國務院國務卿蓬佩奧也是特朗普團隊中的重要人物 [1]。在中國問題上，蓬佩奧的基本立場可以說和博爾頓、萊特希澤等人相同，骨子裏反共反華情結根深蒂固，曾在當國會議員的時候就提出了二十四個對華不友好的法案。在擔任國務卿之前，蓬佩奧似乎並沒

1　蓬佩奧是美國外交國安團隊中比較年輕的一位，是個 "60 後"。他也算是個青年才俊，本科就讀於西點軍校，以第一名成績畢業，取得哈佛大學法學博士。進入行政當局之前，是美國國會議員。特朗普當上總統之後，蓬佩奧變得官運亨通起來，先是做中央情報局局長，然後成為美國第 70 任國務卿。應當說，他對外交事務並不熟悉，可以說是一個素人。

有系統的對華看法，也沒有對中國發表較多的評論，而在擔任國務卿之後，出於職位要求，蓬佩奧開始逐步改變，以從更廣泛的外交層面理解和執行特朗普的對華政策，加強與中國的全方位競爭。蓬佩奧外交的一大特色是不遺餘力、毫無底線地詆毀中國，挑撥離間中國與其他國家的關係，其中國觀具有強烈的硬派色彩。但從處事手段上，蓬佩奧相對更為世故和圓滑，為了平衡與特朗普的基本立場，甚至可以軟化自己的強硬立場，以維持良好的個人關係，也被特朗普認為是他"團隊中至今沒有爭議的顧問"。因此，蓬佩奧在特朗普團隊中具有較大的影響力，且隨着與其關係密切的新的國安顧問、國防部長的任命，其在美國外交決策上影響力在特朗普執政後期達到頂峰。可以說，在特朗普執政的後期，尤其是他敗選以後，美國外交基本在蓬的掌控之下。他利用特朗普忙於挑戰選舉結果，已無心理政的機會，推出了一系列反華政策措施，嚴重破壞了中美關係。

特朗普執政的最後兩年，其國安團隊出現了一波新的人事變動，主要包括新的國家安全事務助理奧布萊恩（Robert O' Brien）、新的國防部長埃斯珀（Mark Esper）和新的參謀長聯席會議主席馬克・米利（Mark A. Milley），而這些新面孔的對華認知傾向仍有待觀察。

新任國家安全事務助理奧布萊恩之前曾擔任美國國務院"人質事務特使"，屬於鷹派。他密切關注中國的崛起，把中國海軍的壯大稱為"紅色風暴正在興起"，必須以更強大的美國海軍加以應對。美國國防部長一職自馬蒂斯離職空缺六個月後，埃斯珀得以上位。埃斯珀曾就職於美國著名軍工企業雷神，擔任過美國陸軍部長。埃斯珀長期關注中國，認為中國正在提升和擴充其軍事能力，以便把美國逐出印太地區，是美國國防部的 "第一要務"。為此，美國國防部需要做出戰略調整，把 "延續十八年的低強度衝突" 轉向 "針對俄羅斯和中國等競爭對手的高強度衝突"。另一位新任的美軍最高將領是參謀長聯席會議主席馬克・米利[1]。米利在國會的提名聽證會上表示中國正在太空、天空、網絡和海陸等領域非常迅速地提高軍力，是美國未來 50－100 年的最主要威脅。美國必須確保不會失去在這些領域的優勢。但同時，他也強調中國是競爭對手，不是敵人。美國希望與中國和平相處，不要戰爭。

體制外影響力量

除特朗普及特朗普團隊主要成員之外，有兩個處於體制外的關鍵人物也對特朗普的對華政策有着顯著影響。

其一是班農（Steve Bannon）[2]。班農是利用美國民粹主義的興起達到其戰略和政治目標的大師，是特朗普能當上總統的最大功臣。在特朗普上台後，班農被特別任命為白宮首席顧問，且可破例參加

---

[1] 米利曾獲得美國哥倫比亞大學的國際關係碩士學位，參加過阿富汗、伊拉克戰爭，自 2015 年起擔任美國陸軍參謀長。

[2] 班農曾在美國海軍服役，擔任過美國國防部海軍部長的特別助理，是美國極右翼的媒體布萊巴特新聞網的創始人。他把這個網站說成是 "另類右派的平台"。

國安會議，但在七個月後因在書中批評特朗普和他的兒子而被逐出白宮。但之後，班農多次發表公開演講，且糾集了一批和他理念相同的反華人士，仿效冷戰時代對蘇聯的做法，成立了針對中國的"當前危險委員會"，其主要目的是要教育美國公眾認識來自中國的各方面的挑戰。因此，班農雖然不在白宮，卻依然影響着特朗普的對華政策。

對班農而言，中國就是 20 世紀 30 年代的德國，由於政治制度、意識形態和文化宗教等方面的因素，而與美國的矛盾無法調和，因此是美國的頭號戰略對手。美國應當通過自身餘存的超級大國實力來遏制，甚至壓垮中國政權，具體通過經濟戰為先導，或局部地區軍事衝突（如果經濟戰失敗的話）的方式，來促使中國政權更迭為親美和效法美國模式的盟友。班農認為，中國過去 25 年的發展是基於投資和出口，而其資金來源正是美國的工薪階層和中產階層，這毫無疑問是與美國打了 25 年的經貿戰。因此，重整貿易秩序是美國必須要面對和解決的核心問題，全世界也只有美國能做到這一點。因此，美國必須取得對華貿易戰的最終勝利，讓中國徹底開放它的市場，公平、對等地與世界交易，並最終重新洗牌全球的創新鏈、生產鏈、供應鏈，使全球重新圍繞在以美國為中心的熱愛自由的國家周圍。

另一位關鍵人物是美國權威中國問題專家白邦瑞。白邦瑞是美國哈德遜研究所中國戰略中心主任，曾在里根政府國防部、老布什政府國防部部長辦公室任職，長期從事戰略評估、對華戰略制定等事務。白邦瑞曾經是美國聯華制蘇戰略的積極倡導者，在冷戰後，因為美國戰略環境的改變，而從 "親華派" 銳變為 "遏華派"。在《2049 百年馬拉松：中國稱霸全球的秘密戰略》（ *The Hundred-Year Marathon: China's Secret Strategy to Replace America as the Global Superpower* ）一書中，白邦瑞提出，中國自成立起就擁有在百年內超越美國成為世界霸主的雄心壯志，且中國並不會效仿美國的民主政治模式而成為美國的盟友，反而是會通過經濟的發展來挑戰美國的領導權，而這正是美國在 21 世紀面臨的最大國家安全挑戰。對此，美國必須採取一個全新的、更帶有競爭性的戰略來對抗中國。這顯然就是美國國家安全戰略的基本思路。他主張，美國應當在貿易戰中，防止多頭作戰，必須採取行動來阻止中國進入美國高科技領域。

政策執行層官

　　除核心人物和核心團隊外，在關鍵位置的、負責對華政策具體執行的助手也在美國對華政策中具有一定的影響力。例如，國防部負責印太事務的助理國防部長薛瑞福（Randall Schriver），國家安全委員會負責亞洲事務的高級主任博明（Matt Pottinger），國務院負責東亞和太平洋亞太事務的助理國務卿史迪威（Josephy W. Stilwell）等，且這三人都是 "中國通"，可以說是構成了白宮、國務院、國防部三個部門之間的對華 "鐵三角"。

　　特朗普時期曾擔任美國國防部負責印太事務的助理國防部長薛

瑞福，在 2019 年 6 月美國智庫就國防部 "印太戰略報告" 發表講話表示，美中兩國對世界的不同願景是彼此走向長期競爭道路的原因。中國在習近平領導下正在挑戰以規則為基礎的國際秩序，而美國的目的是要防範中國通過 "灰色地帶策略" 造成 "既成事實"。長期以來，薛瑞福以親台著稱，認為中國正在用所謂 "全政府" 的方式來恫嚇、脅迫、破壞台灣的穩定，包括在外交上挖走台灣的邦交國，切斷旅遊以施加經濟壓力，干預台灣選舉以削弱台灣的民主，並且通過軍事演習等手段來對台灣施加壓力等諸多手段。而美國應當重視台灣的戰略價值，助台抗中，防範中國干預台灣選舉。薛瑞福還在美國國防部發起建立了一個新的職位 —— 專責中國事務的副助理國防部長，這是美國國防部 21 個副助理國防部長中唯一一個專注於單一國家的。該職位被認為有對內、對外雙重職能 —— 對內確保國防部有關中國的行動與 "國防戰略報告" 保持一致，對外幫助制定和維持與中國的軍事關係。被任命擔任此職位的首位美國官員是斯布拉吉利亞（Chad Sbragia）[1]。

擔任白宮亞洲事務高級主任的博明 [2] 被認為是比較務實的對華鷹派。博明曾在 2018 年中國駐美國大使館的中國國慶慶祝酒會上強調中美競爭，還引用論語中的 "名不正則言不順，言不順則事不

---

1 斯布拉吉利亞曾經是美國海軍陸戰隊中國研究小組的組長，也在美國駐中國大使館工作過。他也擔任過美國印太司令部中國戰略中心組的副組長，是史迪威的搭檔。

2 博明曾經有從軍的經歷，在美國海軍陸戰隊幹過，也曾擔任路透社和《華爾街日報》駐北京記者，被認為是特朗普政府執政初期的外交國安團隊中唯一一位中國問題專家。

成"來表明特朗普政府已經調整了對華政策，把競爭放在了首要位置。博明明確支持特朗普的對華貿易戰，且被認為是親台派。

　　擔任國務院東亞和太平洋事務助理國務卿的史迪威[1]2019 年 6 月才就職。史迪威曾在美國駐中國大使館擔任武官，在美國印太司令部擔任中國戰略中心組的組長，是標準的"東亞通"。在對華政策上，史迪威被認為是立場強硬的鷹派。在他任命的聽證會上，他強調與中國的長期戰略競爭代表全面的世代挑戰。他聲稱在有共同利益的時候，如在朝鮮核問題上，美國可以和中國合作。但是當兩國利益分歧時，美國必須積極與中國競爭。

　　從以上的初步分析可以看出，特朗普團隊中的高級官員幾乎是清一色的共和黨對華鷹派人士或者說"屠龍派"，儘管他們"鷹"的程度有所不同，可以分成"理性鷹派"、"非理性鷹派"、"激進鷹派"、"溫和鷹派"等等，但不管怎麼說，他們還都是鷹派。對這一批人來說，美國的對華新共識已經基本形成，而且已體現在美國最新的"國家安全戰略"和"國防戰略"報告中。該對華新共識的基本觀點是，中國是一個旨在挑戰美國全球領導地位的修正主義大國，而美國必須改弦更張，用一種不同於過去的新戰略（全政府和全社會）開展與中國全面的戰略競爭。由於特朗普團隊基本秉持此對華新共識，"國家安全戰略"和"國防戰略"逐步成為特朗普時期美國政府各部門的具體行動。

1　這個職位曾空缺將近兩年。史迪威曾經在美國空軍服役 35 年，退休時是空軍準將。由一個將軍來擔任這一職務是非常少見的。

（二）新共識和兩封公開信

那麼，特朗普團隊的對華新共識在多大程度上被美國社會所接受呢？這也是一個非常複雜而重要的問題。首先，相當一部分美國精英層認可特朗普政府對中國的新定位，及其對中國近年來外交政策的批判；同時，美國精英層普遍認為，過去四十年美國的對華政策並未產生預期的效果，甚至可以稱之為失敗的對華政策。

對過去對華政策的失敗認定，主要是基於幾個方面的原因：一是中國國內沒有出現美國所希望的政治變化，也就是朝民主化的方向發展。相反，他們認為，近年來中國國內政治不但沒有進步，而且出現了所謂 "倒退"。二是中國利用美國的開放和接觸政策實現了其經濟的快速發展和軍事的現代化，特別是利用了 2008 年的金融危機實現了彎道超車，跳躍式發展，積累了挑戰美國的雄厚資本，這是有違當初美國支持中國改革開放和經濟發展的初衷的。三是在此基礎上，美國精英界人士普遍認為，近年來中國的國際行為不再遵循鄧小平的 "韜光養晦"，而是變得越來越咄咄逼人，使他們懷疑中國的和平崛起是否只是一句空話。因此，特朗普政府的國家安全戰略報告得出結論：美國過去一直以為通過接受和將中國納入世界體系，支持中國崛起可以使中國更自由化，使它變成更仁慈和更值得信賴的夥伴，而這種想法被證明是錯誤的。在這種情況下，特朗普政府提出要制定新的、更有效的對華政策是得到共和民主兩黨主流精英認同的。一個比較有意思的現象就是：在特朗普上台之前，美國的建制派精英層都反對特朗普上台，反對特朗普的很多外交政策主張，但在特朗普政府發表了這麼一份國家安全戰略報告之後，共和黨和民主黨精英的頭面人物鮮有出來大張撻伐的。尤其是其中的對華政策部分，得到了美國精英層超黨派的贊同。例如，奧巴馬時代資深外交官坎貝爾（Kurt Campbell）、拉特納（Ely Ratner）在《外交事務》上發表文章[1]，在對華認知上與特朗普的國家安全戰略保持一致，即認定過去 40 年的對華政策都未取得預期效果。中國是美國現代史上最有力和最可怕的競爭者。美國應當對現實抱有更為清醒的認知，應當放棄和轉變既有的對華策略，而特朗普的第一個國家安全戰略邁出了正確的一步。

　　美國精英層在過去的對華政策沒有達到預期和美國需要一個全新的對華政策這兩點上已達成基本共識，但是對美國需要一個怎樣的新對華戰略卻並未形成統一意見。也就是說，知道什麼做錯了，但是還不清楚要怎麼做才對。從這個意義上講，美國精英界在對華政策上的新共識是有限的，應該不足以支撐美國兩黨推行完全相同的對華政策。

　　實際上，隨着中美貿易戰的不斷升級，並不斷向其他領域擴散，特朗普政府在眾多領域推行中美 "脫鈎"，中美關係出現全面倒退的勢頭。美國精英層對特朗普對華政策的批評和質疑也開始浮現。最具代表性的就是 2019 年 7 月，百餘名來自美國教育、外交、國防、商業等各界的中國和亞洲問題專家在《華盛頓郵報》上

1　The China Reckoning: How Beijing Defied American Expectations, Foreign Affairs.

發表的給美國總統特朗普的一封題為"把中國當敵人將適得其反"的公開信，對特朗普的對華政策提出系統批評。在信中，這些美國"知華派"對中美關係的持續惡化表示擔憂，認為這不符合美國的全球利益。公開信指出，雖然近年來中國的內外政策和行為有很多令人不安的地方，但作為既得利益者，中國並不旨在推翻現存的世界秩序，也沒有要取代美國成為全球領導的意圖，因此，特朗普政府誇大了對此的恐懼，加強了對中國的敵視態度，削弱了中國那些溫和務實官員的影響力，使中國和世界經濟"脫鈎"的努力也不會成功，最終只會傷害和孤立美國自己。該公開信最後明確，美國社會沒有一個要與中國為敵的所謂華盛頓共識，很明顯是要與特朗普政府內外的那些"屠龍派"切割。

當然，這封公開信表達的對華看法也遠非是美國的新共識。另一批支持特朗普對華政策的強硬派（絕大多數是美國軍方和情報界的退休人士）也以給特朗普公開信的方式作出迅速響應。與前一封公開信基調明顯不同的是，此封公開信將中國視為對美國充滿敵意的和日益危險的威脅。公開信認定過去 40 年美國認定中國會隨着經濟的發展而成為所謂的"負責任的利益攸關者"，但在中國共產黨的領導下，這一切明顯不可能發生。尤其是近年來中國的東海、南海行為，"一帶一路"、"中國夢"、"債務外交"等均是其不承認現存國際秩序的原則和規則，要在世界範圍內建立霸權的表現。美國以往的對華政策是建立在對中國戰略意圖的錯誤解讀基礎上的，這導致了美國國家安全的逐漸流失。對此，美國應當像特朗普政府提出的新國家安全戰略所建議的那樣，有選擇地將美國經濟與中國脫鈎，且應當將此對華新戰略朝制度化、長期化的方向發展。

兩封公開信中，第一封信要求特朗普改變航向（change the course），第二封信則要求他堅持到底（stay the course）。很難說這兩封信在美國精英層各自有多少支持，誰更代表了精英層的主流意見。但是這兩封信的出現就說明了美國精英層並沒有形成一個得到廣泛支持的對華政策共識。自冷戰結束後就開始的美國對華政策大辯論還在繼續。美國新政府上台後，對華政策進行新的調整的認知空間還是存在的。也許中美關係回不到過去了，但是特朗普時期的中美關係也未必是不可逆轉的。

除精英層外，美國民眾的對華態度也是非常值得重視的。雖然美國民眾不制定外交政策，但是他們的看法構成美國外交政策的社會基礎，在某些條件下也會對決策發生作用。如果美國民眾出現強烈的，甚至是歇斯底里的反華情緒，美國政府要對中國友好也難。相反，如果美國民眾普遍對華友好且有理性的認識，對美國政府推行激進的反華政策也會是一個牽制。那麼，特朗普上台後三年美國民眾對中國的看法又有哪些變化呢？它和精英層的變化是一致的還是相悖的？

自特朗普上台以來，美國民眾對中國的惡感度有所上升，且已超過好感度，而好感度有所下降。當然，這不能排除特朗普上台後美國媒體對中國負面報導的加強對美國民眾產生的影響。根據2019 年美國芝加哥全球事務委員會的民意調查結果，63% 的美國民眾認為中國與美國是競爭對手的關係，比 2018 年增加了 14 個百分點。這很顯然是受到了 2018 年以來中美貿易戰的影響。但是，該機構 2018 年的民調表明，只有 39% 的美國民眾把中國看作是對美國重大利益的嚴重威脅。更重要的是，大約 2/3（68%）的美國人支持奉行與中國友好合作和接觸的政策，而不是致力於限制中國實力的增長。而且，這種認識是不分黨派的。這個結果基本表明，特朗普政府要推行一個全面遏制中國的戰略還沒有廣泛的民意基礎。

但是 2020 年新冠病毒在美國蔓延，疫情不斷失控，特朗普政府嫁禍中國，並在特朗普敗選後採取一系列破壞中美關係的舉動，所有這些都使得美國對華民意進一步惡化。2021 年 2 月的皮尤研究中心民調顯示近 90% 的美國人認為中國是對手或敵手，而不是夥伴，近半人數認為制約中國的實力和影響力應該是美國的頭號外交政策目標。蓋洛普的民調也顯示美國人對中國的好感度降至 20%，創歷史新低，甚至低於 1989 年的 34%。至於中美之間的貿易糾紛，美國民眾大多認同中國是一個不公平的貿易夥伴，對特朗普表示要糾正這些不公平做法的要求普遍是支持的。蓋洛普 2018 年民調發現，62% 的受訪者認為與中國的貿易是不公平的，超過日本（33%）和墨西哥（46%）。有 72% 的美國民眾非常擔心貿易戰對當地經濟的影響，但他們並不認為貿易戰是對美國的重大威脅。而該機構 2019 年的民調表明，74% 的民眾支持中美貿易，認為這會對美國的經濟、消費者和就業機會都更有利，並不希望中美"脫鈎"。與特朗普政府的對華鷹派不同，受訪者認為中美貿易會促進而不是削弱美國的國家安全（64% vs. 33%），因為中美貿易會降低中美之間軍事衝突的可能性（41% vs. 14%）。不過也有 43% 的受訪者認為，有沒有貿易與中美之間會不會發生軍事衝突沒有什麼關係。對特朗普對中國產品徵收關稅的做法，美國公眾的看法比較分裂，贊成和反對的差不多是一半對一半，不過反對關稅的人還是超過支持的人（51% vs. 47%）。但 2019 年 9 月的另一個民調顯示，有 63% 的美國民眾認為特朗普的貿易政策對美國經濟不利。這表明，美國民眾對特朗普貿易戰的態度隨着其負面影響顯現也在發生變化。

在特朗普尤其是以國務卿蓬佩奧為首的外交團隊全面反華政策的影響下，美國對華民意出現了比較大的滑坡。但是即使是在美國民眾整體對華看法變得更為負面的情況下，很多美國人仍然對中國經濟發展成就和人民生活的改善給予積極的評價。應當看到，和歷史上一樣，美國對華民意的變化主要是由美國政府的政策導致的。因為美國人有關中國的資訊多半都是從美國政府和主流媒體那裏來的。而美國的政客又往往反過來以所謂反華民意為理由繼續推行有損中美關係的政策。事實上如果中美關係有長足的改善，美國的對華民意也會隨之改善。

（三）美國商界對華態度的變化

近年來，美國商界對中國的態度發生了很大的變化，主要是從積極向消極和負面的態度轉變。

自中美關係融冰之後，美國商界，尤其是那些與中國有生意來往的商家和公司，一直是中美關係的積極推動者和受益者。20 世紀 90 年代，美國國會每年為是否給予中國貿易最惠國待遇而進行辯論。當時美國商界幾乎是義無反顧地站出來遊說美國國會議員，竭力維護中美正常的經貿關係。但是美國前財政部長保爾森認為，加入世貿的 20 年來，中國在公平競爭、對外資開放等方面進展緩慢，部分企業認為他們永遠不可能在中國獲得公平對待，且中國的政策環境也給他們帶來了諸多風險，美國商界挫敗感十足，使美國商界內部對華態度分裂，出現了對美國以往對華政策的懷疑甚至反對者。對此，美國的在華企業基本認同特朗普對中國所謂不公平貿易的指責，也希望美國政府採取更有效的手段讓中國進一步開放市場，為美國公司提供更公平的經商環境。但是，他們卻並不贊同，甚至用聯名信等方式反對特朗普逐步升級的以增加關稅為主的對華貿易戰，因為這並不能解決他們所關心的中美經貿關係中的結構性問題，反而會在短期內影響美國公司在中國的業績。尤其是在特朗普孤注一擲，對華關稅戰層層加碼之後，美國商界意識到問題的嚴重性，開始採取更積極的行動來防止貿易戰失控。例如，在 2019 年 8 月初，特朗普威脅要將關稅覆蓋所有中國商品導致中美貿易談判中斷之後，美國商會會長多諾霍（Thomas Donohue）於 8 月 29 日在《華盛頓郵報》上發表了 "撤銷關稅，重新啟動與中國的貿易談判" 的署名文章，指出美國商會對財富 500 強企業的調查顯示，美國企業高管非常擔心加徵關稅造成的經濟影響。在他看來，特朗普持續升級的關稅措施不會增加中美雙方達成協議的概率，反而可能使美國經濟面臨衰退風險，因此，美國政府應當採取果斷措施以避免美國經濟衰退，應當結束與中國的貿易緊張關係，重啟中美經貿磋商，消除不確定性，重建企業信心。另一個案例是拉斯維加斯金沙集團的創始人、主席及首席執行官艾德森[1]曾在 2019 年 8 月中美貿易戰的反復拉鋸中，多次致電特朗普，表明對中國強硬的反制措施會導致美國股市和經濟的重大影響，且也會影響特朗普本人的競選連任。艾德森提醒的具體影響很難說明，但有意思的是，特朗普在 9 月初就開始向中國放出了緩和的信號，宣佈將 2500 億中國商品的關稅推遲到 10 月 15 日。

1　艾德森是特朗普 2016 年競選總統的頭號金主，捐獻了 2500 萬美元。金沙在澳門的子公司威尼斯人 2018 年營收近 90 億美元，約佔金沙集團總營收的 63%。

第四章　美國對華政策實踐的調整：
　　　貿易戰和它的溢出效應

（一）貿易戰的發展脈絡

正如前文所言，特朗普對中美經貿問題最為關心，且在競選期間多次批評中國的不公平貿易行為。在特朗普上台後，他一方面重點解決了朝鮮核問題 [1]，一方面在 2017 年 8 月開始了對中國的所謂 301 調查。當 2018 年 3 月特金會，朝鮮問題出現重大轉機，且 301 調查報告完成後，特朗普的對華貿易戰終於揭開了序幕。

2018 年 3 月 8 日，特朗普宣佈對中國鋼鐵和鋁製品分別徵收 25% 和 10% 的關稅，打響了中美貿易戰的第一槍。但是，這還只是中美貿易戰的 "前菜"。緊接着 3 月 22 日，美國貿易代表公佈對中國進行 301 條款的調查報告，認定中國在技術轉讓、知識產權以

---

[1] 首先處理好朝鮮問題也是卸任總統奧巴馬對他的忠告。當時朝鮮問題由於朝鮮方面不斷進行核導試驗大有一觸即發之勢。而要防止朝鮮半島擦槍走火，中國的幫助和配合是必不可少的。因此，當時特朗普曾表示，只要中國在朝鮮問題上合作，貿易問題好商量。

及創新等多方面實施"不合理或歧視性"的政策和做法，損害了美國商業。對此，美國先後向中國輸美產品徵收了四輪的關稅：2018年 4 月，特朗普宣佈對 500 億美元的中國商品徵收 25% 的關稅；2018 年 9 月，特朗普又宣佈將對價值 2000 億美元的中國商品徵收10% 的關稅；2019 年 5 月，特朗普宣佈將 2000 億美元的中國商品的稅率從 10% 增加到 25%；2019 年 8 月，特朗普又宣佈向剩下的3000 億中國輸美商品徵收 15% 的第四輪關稅，分兩批於 9 月和 12月實施。如果第四輪關稅全部實施，那就意味着中國輸美的 5000多億美元商品將全部被徵收關稅，達到了貿易戰的上限。由於中美從對方進口商品總量的懸殊，中國除第一輪是對美國使用對等報復的手段外，其餘三輪採用的都是差額報復的辦法。如果雙方的四輪加稅威脅完全實施，將覆蓋所有的雙邊進出口貿易，確實可以說是中美關係中一場"史詩級"的貿易戰了。

中美貿易戰不是直線上升的，而始終是一個"談談打打"的過程。在貿易戰不斷升級的同時，雙方的談判也開始進行。從 2018年 5 月的第一輪貿易談判開始，一共進行了十三輪。美方從一開始就獅子大開口，提出了極限條件清單，要求中國在貿易赤字、知識產權、戰略產業、金融開放、經濟制度、投資准入、服務貿易、經濟主權等多方面做出全面讓步。白宮貿易與製造業政策辦公室主任納瓦羅明確指出：

　　中美要達成協議，結束貿易戰，中國必須在七個方面做出改變，包括停止盜竊美國知識產權，停止強迫技術轉讓，停止入侵美國的計算機，停止對美國的市場進行傾銷和讓美國公司倒閉，停止大力補貼國營企業，停止讓毒品芬太尼流入美國，停止操縱貨幣，也就是所謂中國的"七宗罪"。

這表明，美方的目標非常明確，不只是簡單地解決中美之間的貿易不平衡問題，而是要解決中美經貿關係中的所謂結構性問題。美國的舉措是步步緊逼，層層加碼，試圖大幅改變中國國內的經濟政策和經濟制度，牽涉到中國的經濟主權，國內的政治經濟穩定，而中國是且戰且退，嚴防死守。這也是為什麼中美貿易談判談成了一場曠日持久的"馬拉松"。

在經過十三輪的艱難談判後，美方也逐漸認識到，要按照美方的要求一攬子解決中美之間的經貿問題並不現實，中方的根本國家利益也不允許其領導層為達成協議而不惜犧牲中國的經濟主權，改變中國根本性的經濟制度。美方僅僅通過關稅"大棒"無法解決中美之間的經貿問題。中美經貿問題的解決也不可能是一蹴而就。2019 年 10 月中美舉行第十三輪高級別的磋商，談判出現轉機，在不少問題上取得實質性進展，雙方實際上已經達成第一階段經貿協議。在經過雙方談判牽頭人多次通話之後，兩國於 12 月宣佈已就第一階段經貿協議達成一致。2020 年 1 月中國國務院副總理劉鶴和美國總統特朗普在美國華盛頓正式簽署第一階段經貿協議。美方承諾不再向價值 1600 億美元的中國商品加徵 15% 的關稅，並將對價值 1200 億美元中國商品徵收的關稅減半至 7.5%，但是對另外 2500 億美元中國商品徵收的 25% 的關稅維持不變，當然中方也維持對超過 1000 億美國輸華產品的報復性關稅。中方則承諾在兩年內增加採購 2000 億美元的每股商品和服務。協定在智慧財產權、貨幣、金融服務等方面也取得了一些進展。特朗普將協議稱之為 "任何人見過的最大協議"。至此，打了近兩年的中美貿易戰算是告一段落。

影響談判進程的重要因素

從談判的進程來看，談判的關鍵時刻往往都需要兩國最高領導人來進行干預，才能打破僵局，使談判得以恢復並取得進展。特朗普和習近平的幾次峰會，包括 2018 年 12 月的布宜諾斯艾利斯和 2019 年 6 月的大阪峰會對貿易戰的降溫和休兵，均起到峰迴路轉、柳暗花明的積極作用。但是，貿易戰的經驗也證明，領導人的干預只能起到暫時的緩和作用，還是代替不了在具體問題上雙方的艱苦博弈。

相比較而言，美國總統特朗普對談判的干預更直截了當，也更不可預測。美國對華徵收的四輪關稅大多數都是特朗普在推特上率先宣佈的。他甚至可以不顧手下談判人員的一致意見，剛剛和中方談完就再次揮舞手中的關稅大棒。例如，2019 年 7 月 30—31 日，中美剛剛在上海舉行了第十二輪高級別磋商，美國代表團還沒有回到華盛頓，特朗普就宣佈對中國所剩下的 3000 億美元輸美商品加徵關稅，僅僅是因為他對中國購買美國農產品和禁止讓芬太尼流入美國的速度感到不滿。特朗普陰晴不定，出爾反爾，不按常理出牌的領導風格除了可以打破瓶頸，扭轉談判方向之外，也為貿易談判帶來了很大的不確定性。

當然，中國領導人在關鍵時刻的決斷也關係到談判的成敗。從有關的報導來看，雙方最接近達成協議的是 2019 年 5 月的第十一輪談判。按照美方的說法，經過十一輪的談判，雙方已經就上述的七個方面達成了一個長達 150 多頁的協議。用白宮國際經濟委員會主任庫德洛的話來說，雙方已經就 90% 的內容達成了一致。一旦達成協議，特朗普和習近平將再次舉行高峰會來親自簽署協議。但是令人遺憾的是，談判卻在最後一分鐘破局。中方對此沒有過多解釋原因，而美方則指責是中方改變了主意，從原有的立場倒退了。[1] 不管具體原因是什麼，應該說美方最初為談判設定的目標是過於雄心勃勃了。特朗普想一口氣吃成個胖子，與中方簽訂一個全面的、美國完勝的歷史性貿易協議，而到了 2019 年 5 月就被證明只是他的一廂情願，忽略了中方領導人的原則立場和態度；到 10 月

---

1 對此有很多不同的解讀。一種是認為華盛頓不斷提出新的要價，如要求中國開放互聯網，要求中國每年再增加 1000 億美元的美國商品進口，中方無法滿足美方予取予奪的要求。二是美方要求中方大量修改國內法律以解決美方主要關切，並建立一個監測機構來監督中國履行。如果發現中方沒有履約，可以再對中國商品徵收關稅。中方認為這麼做是對中國主權的侵犯。三是美國不同意在達成協議後就取消所有關稅，而中國堅持達成協議的前提是美國要取消所有對中國產品額外的關稅。四是因為中國高層官員開始對協議的具體內容並不了解，但是到了談判的後期，當他們對最後的文本內容有更多的了解時，不同意見就出現了，最後導致談判的破裂。

份中美第十三輪高級別磋商的結果說明，他已經放棄了最初的設想，而轉而尋求和中方簽訂第一階段協議了。

影響中美經貿談判的另一個重要因素就是美國的國內政治。特朗普本人對這一因素尤其敏感，也常常把中美經貿談判當作應對國內政治困局、爭取競選連任大棋局上的一顆棋子。從某種意義上來說，國內政治的走向似乎決定了特朗普需要中美貿易協議的緊迫程度。當特朗普被"通俄門"所困擾的時候，他似乎很希望儘快達成一個"偉大的協議"來轉移國內民眾的注意力。而在"通俄門"調查報告出爐，為特朗普暫時解套之後，他對達成中美貿易協議似乎又變得意興闌珊，不那麼積極了。對達成協議的時機，特朗普似乎也在不斷地精算：離選舉的時間太遠了，人們記不住，效應會遞減；而太近了呢，又擔心影響選舉的功利目的太明顯，反而會弄巧成拙。

2019 年 10 月的第十三輪高級別磋商跌宕起伏的進程也可充分表明，特朗普在中美貿易談判中對政治因素的考慮。2019 年 9 月初，中美商定於 10 月初恢復第十三輪高級別磋商。為了營造良好的氛圍，雙方都釋放了一些善意。美國原本計劃於 10 月 1 日將 2500 億美元中國商品的現有關稅從 25% 提高至 30%，但是 9 月 12 日特朗普宣佈，為慶祝中華人民共和國成立 70 週年，決定將增稅行動推遲到 10 月 15 日。9 月 17 日，美國貿易辦公室宣佈了 3 份對中國加徵關稅商品的排除清單，共涉及 437 項商品。這是美方關稅排除規模最大的一次，被廣泛看成是華盛頓的一個積極姿態。而中國方面也宣佈包含 16 項商品的對美加徵關稅第一批排除清單。北京還增加了對美國大豆的採購。這一系列行動均說明，雙方都有意為第十三輪高級別磋商取得進展創造條件。但是天有不測風雲，"通烏門"的突然發酵，觸發了美國國會眾議院對特朗普的彈劾調查，使得特朗普再次被捲入美國國內政治角力之中。在 10 月中美恢復高級別磋商前，有分析認為，在面臨國內政治危機的情況下，特朗普或許更不願意在貿易談判中做出必要的妥協，以免給民主黨對手提供攻擊的彈藥，或者特朗普在面臨強大國內政治壓力的情況下根本顧不上中美貿易談判，而把精力集中在解決國內政治紛爭上，這樣的話，中美貿易戰可能還會拖下去。但是，也有看法認為，特朗普在面臨彈劾風險的情況下，會用一個歷史性的貿易協議來大大衝淡"通烏門"帶來的陰影，以反擊民主黨對手對他的指控，證明自己是個好總統。最終，第十三輪中美經貿磋商的結果表明，特朗普在"內憂外患"的情況下，放棄了"一步到位地和中國簽訂一個全面協議的野心"，反而是同意了中方分階段解決中美經貿爭端的提議，這也給了雙方一個喘息的機會。這不能不說是特朗普在撞了南牆之後回歸務實理性的一個跡象。

特朗普最後拍板在 2020 年初和中國簽訂第一階段貿易協定顯然和這一年是美國大選年有很大關係，也是他最後決定放棄一攬子協議，轉而和中方簽分階段協議的重要原因。特朗普開始對中美第一階段經貿協議大加讚揚，把它說成是其任內的重大成就，也是他競選連任的主要資本。但是特朗普應對失據造成的疫情在美國的全面失控，嚴重影響美國經濟，給他連任的前景蒙上了陰影。在這種情況下，特朗普開始把中國當成他治疫失敗的替罪羊，於是對中美第一階段經貿協議作用的評價也不斷縮水，對開展和中國第二階段經貿談判也變得意興闌珊。他批評中方未能遵守協議，認為新冠疫情導致的美國經濟動盪使得這項協議變得不重要了。他表示因為中國讓病毒傳入美國，他對和中國進行新的貿易談判不再感興趣。2020 年 8 月特朗普取消了原定 8 月 15 日舉行的新一輪的中美經貿談判。

不可否認的是，影響中美貿易走向的另一重要因素是美國的經濟狀況。美國的對華貿易戰能否持續，歸根結底還要看它能否實現預定的目標，為美國的經濟發展帶來好處。按照特朗普的如意算盤，對華貿易戰將大大減少美國的對華貿易赤字，而對中國產品增加關稅可以為美國帶來巨額的財政收入。通過消除中國國內的非貿易壁壘，消除所謂中國不平等不公正的貿易做法，包括強制性技術轉讓、侵佔知識產權、國有企業補貼和市場准入等等，可以為美國企業在中國創造更多的機會和利潤，並重振美國的製造業基礎。無須否認，美國對華貿易戰確實對中國經濟造成一定的負面影響。據瑞銀（UBS）的預測，受中美貿易戰的影響，中國 2019 年的經濟增長率應該在 6% 左右，而 2020 年可能降至 5.5%。[1] 中國國家統計局的資料也表明，中國的製造業、零售額和設備投資也呈現疲弱之

---

1 "人民幣下行壓力未減 三及六個月預測值下調至 7.4"，財經觀點，2019 年 9 月 11 日，https://www.reuters.com/article/ubs-yuan-fx-forecast-0911-idCNKCS1VW1DD。

勢。但是貿易戰的性質本來就是"殺敵一千，自損八百"。特朗普把它說成是美國只贏不輸的好買賣，顯然也是自欺欺人的。正如全美零售聯合會發表聲明指出的，關稅對美國經濟造成的威脅"不是關於會否的問題，而是關於何時和有多糟的問題"。[1]

受到中美貿易最為直接影響的，且也極大程度上影響中美貿易談判的，即是美國的股市。每當特朗普宣佈對華徵收新關稅而中國加以反制時，美國及世界股市就會應聲大跌，以至於特朗普為了穩住股市，又不得不時時放出談判有進展的風聲。例如，2019 年 8 月 1 日，特朗普宣佈對 3000 億美元中國輸美商品加徵 10% 關稅，中國宣佈停止向美購買農產品，美國股市受到重挫，創下年內最大單日跌幅。緊接着，作為對美國的反制，中國於 8 月 23 日宣佈對來自美國 750 億美元的商品加徵關稅，而特朗普一怒之下宣佈將把 2500 億美元中國商品的稅率從 25% 上調至 30%，對另外 3000 億美元中國商品的徵稅從 10% 增加到 15%，這一系列操作導致美國股市再次大跌。美國債券市場出現"收益率曲線倒掛"更是引發投資者恐慌，從歷史上看這是經濟衰退的先兆。為了減緩加徵關稅對美國股市的衝擊，安撫美國動盪的股市，特朗普在 8 月 26 日開始變臉，稱中美雙方已進行了"兩次非常富有成效"的通話[2]，而中美貿

1　"中美貿易戰如何影響美國消費者？"，紐約時報中文網，2018 年 7 月 29 日，https://cn.nytimes.com/business/20180713/trade-war-china-consumers/。

2　事實上，這是一個烏龍。特朗普指的所謂通話，實際上只是中國國務院副總理劉鶴在一次會議上的講話中提到中國反對貿易戰升級，願以冷靜態度通過磋商和合作解決和美方的問題。

易磋商將很快恢復。事實上，是特朗普被股市的起落牽着鼻子走，而不是相反。

　　另一值得重視的群體是受到關稅影響的美國農戶。根據美國聯邦政府數據顯示，截至 2019 年 10 月中旬，美國出口中國的大豆銷量比 2018 年同期減少了 94%。雖然特朗普政府聲稱中美貿易戰使得美國增收了許多來自中國的關稅，可以向美國農民提供補貼，但事實上，2018 年美國農場主的收入同比下滑了 16%。縱使政府補貼了美國農民大約 1/3 的損失，當年美國農民的淨收入也只有 2013 年的一半。有專家認為，受特朗普對華貿易戰影響，美國農民很可能把他們的怨氣轉變為特朗普在 "農村票倉" 選票的大量流失，這也逼迫特朗普在接下來的中美經貿談判中不得不增加對該群體的考量。

　　不可否認的是，貿易戰對美國經濟的整體負面影響正在不斷顯現。很多權威機構和人士都認為，對華貿易戰會拖累美國經濟的成長，甚至使得美國經濟提早進入衰退。受經貿摩擦升級和全球經濟增長疲軟影響，美國製造業也出現了多年來的首次萎縮。根據美國供應管理協會（ISM）的資料，2019 年 9 月，美國製造業採購經理指數（PMI）僅為 47.8%，創下了十年最低水平，已暗示美國製造業正在陷入衰退。為了規避未來潛在的損害，美國一些知名的製造商已在思考將生產線遷移出美國。這些情況表明，特朗普試圖通過中美貿易戰重振美國製造業、防治美國產業空心化的願望正在破滅。美國企業，也是中美貿易戰中的嚴重受害群體，而這會極大影響美國的就業環境和整體經濟形勢。根據美國商務部資料，2019年第一季度，美國企業稅前利潤環比下降 2.8%，是 2015 年最大環比降幅；同比增幅為 3.1%，是 2017 年以來最低水平。[1] 諸多企業認為，貿易戰是這種大規模利潤下滑的重要原因。例如，美國福特公司首席執行官宣稱，僅金屬關稅就消耗了福特公司近 10 億美元的利潤，而這種損害會隨着貿易戰的繼續開展逐步擴大，進而影響公司投資、美國就業等。根據美國稅務基金會預測，特朗普對華 500億美元加徵進口關稅的計劃會造成美國近 4.9 萬人失業。如果特朗普繼續對額外 2000 億美元的中國產品加徵關稅，那麼失業人口將會超過 25 萬人。[2]

中美貿易戰給美國經濟帶來的間接損害更是難以估量，包括旅遊業、酒店業及上下游產業。2018 年，中國遊客在美國外國旅客人數中排名第五，但住酒店總支出接近 350 億美元；中美貿易戰爆發後，中國赴美遊客數量明顯減少，在美國的消費也出現十年來的首次下滑，嚴重拉低了諸多旅遊城市的平均收入。而就普通民眾、消費者而言，這種無形的損害也隨着貿易戰的不斷升級而逐漸顯現出來。中美貿易戰自開始以來，並未如特朗普宣稱的那樣給美國帶來數千億美元的收入，反而導致美國進口商將部分由關稅上升而增

---

1 "美國第一季度經濟增速下調至 3.1%"，新華網，2019 年 5 月 30 日，http://www. xinhuanet.com/fortune/2019-05/30/c_1124564767.htm。

2 "特朗普的關稅政策正在讓美國公司和工作逃離美國"，第一財經網，2018 年 6 月 29 日，https://m.yicai.com/news/5435541.html。

加的成本轉嫁給本土消費者。根據美國紐約聯儲銀行 2019 年 6 月公佈的研究報告，美國對中國 2000 億美元加徵關稅將使得美國家庭每年損失 1060 億美元，相當於每個家庭損失 831 美元。

事實上，美國聯邦政府採取了一系列宏觀經濟調控政策來保持經濟的平穩增長，但都受到了特朗普對華關稅的嚴重抵消。例如，特朗普上台後推動美國國會通過了龐大的 15000 億美元的減稅法案，旨在刺激商業和民眾消費。但正如特朗普前首席經濟顧問科恩所指出的，高關稅使來自中國的關鍵進口產品變得非常昂貴，抵消了特朗普總統旨在刺激美國經濟的減稅措施原本應該發揮的作用："你要建造工廠設備，要買鋼材、要買鋁材，你要買進口產品，可是你卻對這些產品徵收高關稅，所以就是這邊給你減稅優惠，那邊馬上把減稅優惠拿走了。"

更為重要的是，中美貿易戰並沒有實現特朗普對華徵稅的初衷，那就是減少美國的貿易逆差。2018 年美國向價值 2500 億的中國商品加徵了關稅，但該年美國對華貿易逆差高達 4192 億美元（根據美國算法），比 2017 年增長 11.6%，為歷史最高。2019 年美國的對華貿易逆差確實有所下降，減少了 17.6%。但是 2020 年，中國對美貿易順差又開始上揚，增加 7.1%。和貿易戰開始前的 2017 年相比，中國對美的貿易順差增加了 14.9%。所以總的來說，數據顯示，中美貿易戰並未能大幅度縮小美國的對華貿易逆差，如果以此作為評判的標準，特朗普的對華經貿戰略顯然並不成功。

（二）科技戰和金融戰

事實上，特朗普的對華經濟戰中，對華貿易只是其中的一個環節，是與對華科技戰、對華金融戰相輔相成、互為補充的。

一般認為，對華科技戰的導火索為 2015 年中國所提出 "中國製造 2025" 計劃。該計劃提出，中國將着力在一系列高科技領域趕超世界水平，預計到 2025 年中國將從 "製造大國" 轉變為 "製造強國"。對此，特朗普政府保持了高度警惕，並將其認定為中國意圖取代美國在高科技領域霸主地位的宣言書。因此，在一系列中美貿易談判中，美國均試圖迫使中國放棄該計劃，並針對性地對中國高科技企業進行打壓。

2018 年 4 月，美國商務部以 "對美國國家安全存在顯著危險" 為由，將 44 家中國企業和機構列入出口限制名單，對中方企業實行技術封鎖。同期，因違反美國政府對伊朗等國的制裁禁令，美國禁止中國電信設備商中興通訊從美國市場購買零部件。後經兩個月的艱苦談判，該禁令雖被取消，中興卻不得不接受了美國的苛刻條件，包括向美方繳納 13 億美元罰款，改組管理層和董事會等一系列處罰措施。同年 10 月，美國商務部又將福建晉華集成電路有限公司列入實體限制名單，因 "該公司新增的存儲芯片生產能力將威脅到為軍方提供此類芯片的美國供貨商的生存能力"。2019 年 5 月，美國聯邦通信委員會投票以具有國家安全風險為由，一致否決中國移動通信美國子公司於 2011 年提交的電信服務申請。同月，美國商務部宣佈再將 37 家中國公司和學校列入 "未經驗證實體名單"，其中大部分是涉及精密光學、機床和航空領域的高科技企業，如北京八億時空液晶材料科技股份有限公司。2019 年 6 月，美國商務部工業與安全局宣佈，由於參與中國軍事科學研究，美國已將參與生產中國超級計算機的中科曙光、無錫江南計算技術研究所、海光公司、成都海光微電子技術等 5 家中國企業列入國家安全出口管制清單。8 月 14 日，該局又將中廣核集團及其關聯公司共 4 家列入實體清單。就在中美第十三輪高級別磋商登場前夕，美國商務部在 10 月又以參加在新疆對少數民族的"鎮壓"為由，對中國 28 個實體（20 個政府機構和 8 家企業）實施出口限制。這 8 家企業是：曠視科技、科大訊飛、海康威視、大華股份、商湯科技、依圖科技、美亞柏科、頤信科技，均是從事人工智能、語音識別、視頻監控等方面的高科技公司。

　　其中，美國最為忌憚的是在 5G 技術上領先於美國的中國移動通訊巨頭華為公司。美國認為，在 5G 技術上搶得先機是引領第四次工業革命的關鍵，而這對特朗普來說，是只能贏不能輸的一場競賽。在歷經長期調查後，美國在 2018 年 12 月展開對華為的行動。華為公司副董事長兼首席財務官、華為創始人任正非長女孟晚舟在加拿大溫哥華被加拿大警方應美國政府要求逮捕，其罪名是華為涉嫌違反美國出口管制向伊朗出售敏感技術，並做假賬掩蓋。2019 年，美國對華為的圍剿從迂迴轉為正面。5 月 16 日，美國總統特朗普簽署行政命令，宣佈進入國家緊急狀態，允許美國禁止"外國對手"擁有或掌控的公司提供電信設備和服務。美國商務部宣佈，將華為和其 70 家子公司列入出口管制實體名單，未經批准美國公司不得向華為銷售產品和技術。一些華為的美國供貨商和合作方如谷歌、微軟、亞馬遜、英特爾等都宣佈終止與華為公司的合作。之後，為了減輕華為禁令對美國公司造成的負面影響，特朗普政府於 5 月 20 日頒發了一張為期 90 天的臨時通用許可證。6 月，特朗普與習近平的日本大阪峰會進一步緩和了在華為問題上的緊張局勢。隨着諸多與華為有業務往來的美國公司的不滿情緒增長，美國商務部在 7 月表明，允許美國公司與華為進行"不對美國國家安全構成威脅的業務往來"。但是，華為依然在美國的實體名單上，美國政府部門也被禁止購買華為的設備和服務。

除了封殺中國高科技公司之外，特朗普上台後，還開始加強對中國企業在美的投資限制，特別是在高科技和敏感技術領域的投資。2018 年 4 月，美國財政部表明，正在考慮採用《緊急權力法》和通過安全審查改革來限制中國公司在美投資敏感技術，收購美國高科技公司。7 月，特朗普發表聲明，支持財政部的審慎做法，且批准了美國國會通過的法案，以強化對中資在美國投資的管控，防止美國敏感技術外流。此外，特朗普還簽署了美國《出口管制改革法案》，擴大了美國《出口管制法》的適用範圍，特別是增加了對美國"新興和基礎技術"的出口管制。2018 年，美國能源部也宣佈了一系列防止中國非法轉移美國民用核技術用於軍事或其他未經授權用途的措施。

與此同時，美國也逐步嚴控中美兩國科技人才的流動和交往。

在 2017 年美國發佈的國家安全戰略報告中，美方即明確表示，將限制對學習 STEM（科學、技術、工程、數學）專業的中國留學生和學者的簽證發放，縮短簽證期限。之後，多位美國政府高官在諸多私下或公開場合，用"從事中國間諜活動"來指控中國留學生。美國聯邦調查局也公開要求美國公立大學加強對中國學生和學者的監控，以防止他們盜竊美國技術。此外，美國政府也採取行動限制美國科技人員參加中國的科研項目。例如，2019 年 6 月 10 日，美國能源部實施"禁令"，禁止其僱員參與包括中國在內的所謂"敵對國家"的人才招募計劃。在這種氛圍下，一些在美國大學和政府科研機構工作的中國科研人員頻頻被解僱；從事高科技工作的中國科研人員常常被無故拒發或拖延發放到美國訪問的簽證；到美國學習高科技的中國留學生要得到美國簽證也越來越困難；即使已經在美國學習的中國留學生離開美國後，也不一定能夠順利回到美國繼續學習。2020 年 5 月特朗普宣佈禁止有所謂軍方背景的中國學生和學者到美國讀研究生。2020 年 8 月底，美國國務卿蓬佩奧表示特朗普政府正在考慮出台限制中國赴美學習的新規定。

金融戰，是特朗普對華經濟戰工具箱裏的另一個"殺手鐧"。特朗普早在 2016 年競選期間就聲稱，在當選後，要將中國定義為"貨幣操縱國"。在特朗普當選美國總統後，出於朝鮮核問題解決的考量，此計劃並未得到立即實施。隨着對華貿易戰進入膠着狀態，特朗普政府將金融戰正式提上了日程。2019 年 8 月 1 日，特朗普宣稱將對剩餘 3000 億美元中國商品徵收關稅，導致股市狂瀉，人民幣對美元匯率也跌破 1：7 大關，被美方認為是發動對華金融戰的最佳時機。就在同日，美國財政部部長姆努欽宣佈，把中國列為貨幣操縱國。這標誌着，美國對華金融戰的正式開啟。根據美國法律，一旦任何國家被視為貨幣操縱國，美國政府必須在一年之內同該國進行磋商，並將指示國際貨幣基金組織中的美國理事提請國際貨幣基金組織對該國採取措施。如磋商失敗，美國政府可以採取對該國進口商品加徵關稅等措施。

隨後，又有消息說，白宮正在考慮限制美國對華證券投資，以及將中國公司從美國證券交易所除名，逼所有中國上市公司退出美國股市，同時也在考慮限制所有對華金融投資，包括阻止美國政府用退休金投資中國市場。也有消息指出，特朗普政府也正在研究美國如何限制由美國公司管理的股票指數中的中國公司。這一系列負面消息，導致諸多在美國上市的中資公司的股票，如阿里巴巴、百度、京東等，紛紛應聲下跌，巨量市值蒸發，人民幣對美元匯率跌到 7.15：1。雖然美國多位高官否認了此類消息，但特朗普本人並未明確否認。這表明，特朗普政府確實曾對此加以考慮，只是沒有做出最後決定。2020 年下半年，隨着特朗普連任無望，中美關係全面惡化，美國終於出手。2020 年 6 月和 8 月，美國國防部分批宣佈 31 家中國企業為有軍方背景的企業。特朗普於 11 月 12 日簽署行政命令，禁止美國向所謂中國軍方持有及控制的中國公司投資。根據這一命令，美國投資公司、養老基金和其他投資方將不能購買這 31 家中國公司股票。這項命令將於 2021 年 1 月 11 日生效，也就是特朗普政府卸任前生效。根據這項行政命令，美國紐約證券交易所 2020 年 12 月 31 日宣佈將啟動程序對三家中國國營電信公司，中國電信、中國移動和中國聯通香港摘牌，使它們無法在美上市交易。但是摘牌的實施過程卻一波三折。2021 年 1 月初，紐交所宣佈停止摘牌程序。但是此決定受到美國財政部的干預，到了 1 月 6 日紐交所又宣佈恢復摘牌程序。到 1 月 11 日，這三家中國公司被迫從美國退市。1 月 14 日，特朗普政府又宣佈將 9 家中國企業加到國防部早些時候開出的 31 家黑名單上，禁止美國公司和個人對這些公司的股票進行投資。

（三）美國的 "脫鈎" 戰略

從貿易戰、科技戰到金融戰，特朗普政府的戰略意圖已遠遠超出糾正貿易逆差、追求公平貿易的範疇，而是為了阻止中國獲得高科技和敏感信息，試圖在中美之間製造所謂的 "脫鈎"（decoupling）。

特朗普執政時期美國的 "脫鈎" 戰略已經部分開始實施，且在某些領域有加速趨勢。具體來說，美國的 "脫鈎" 戰略表現在以下幾個方面：一是採取行動把中國製造的零部件排除出高科技和軍用產品，同時從通信基礎設施中排除中國企業；二是限制中國的對美投資，不僅是限制對高科技領域的投資，並擴大到除此以外的其他領域；三是對中國的高科技企業實行部分的封鎖和禁運，防止它們得到美國技術和中間產品；四是為了防止中國的 "間諜活動"，限制中美之間的人文交流和交往。換言之，所謂的 "脫鈎"，是要用國家力量來最小化中美之間幾十年來發展起來的高度相互依賴。這是逆歷史潮流而動的舉措。聯合國秘書長古特雷斯（Antonio Guterres）對此表示強烈擔憂："我擔心可能出現 '大分裂'：世界分裂成兩個陣營，地球上兩個最大的經濟體建造兩個獨立的、相互競爭的世界，每個都有自己的主導貨幣、貿易和金融規則、自己的網際網絡和人工智能能力以及自己的零和地緣政治和軍事戰略。"[1] 這大致上，就是 20 世紀五六十年代美國與蘇聯、美國與中國之間的狀況。

那麼，中美之間脫鈎有現實可能性嗎？當然，如果一個國家鐵了心要用國家的力量來切斷和另一個國家的關係，這在理論上是可以做到的。但實際的核心問題是美國願意為此付出多少代價？

目前，諸多學術界和政界人士認為，美國要與中國完全脫鈎，應該意味着中國的重要貿易夥伴，例如日本、韓國、歐盟等，都需要與中國脫鈎，但這在實際上基本不可能。美國前財長保爾森（Henry M. Paulson Jr.）認為，一些亞洲國家很難承擔與中國脫鈎的代價，基本不會追隨美國。布魯金斯學會的兩位著名中國問題專家波拉克（Jonathan Pollack）、貝德（Jeffrey Bader）也明確贊同此種觀點。

從實踐看，特朗普政府的 "脫鈎" 戰略實施也有相當的困難。

---

1 "〔聯大一般性辯論〕聯合國秘書長古特雷斯警告世界面臨形成兩大獨立競爭體系風險"，聯合國新聞網，2019 年 9 月 24 日，https://news.un.org/zh/story/2019/09/1042102。

例如，特朗普對華為的圍剿和封殺，從一開始的氣勢洶洶到不斷做出調整，從全面封殺到頒發有限許可證。2019 年 8 月，特朗普曾下令所有美國企業撤出中國，但產業鏈和供應鏈的重組不可一蹴而就，中國廣闊的、富有潛力的市場也很難被放棄。美國美中貿易全國委員會 2019 年 8 月發表的一份調查表明，87% 的在華美企表示，它們沒有將業務遷出中國的打算。可以預見的是，中國仍將保持其重要製造業中心的地位。2019 年上半年，美企對華投資 69 億美元，比前兩年同期均值提高 1.5%。《福布斯》雜誌則從操作現實層面，深入分析了中美 "脫鈎" 戰略不能施行是由於中國擁有的幾個有利因素：一是中國擁有較大的市場規模，且增速也遠超過美國，這導致諸多跨國公司很難放棄中國。二是諸多跨國公司對中國供貨商的高度依賴，也導致脫離中國供貨商基本等同脫離全球供應鏈，無異於商業自殺。例如，2018 年，蘋果公司共有 200 個供貨商，其中 41 個是中國公司，中國是蘋果公司全球供應鏈中供貨商最多的國家。三是目前美國的《出口管理條例》也難以阻止中國獲得美國零部件。例如，在華為禁令存在的情況下，只要產品不是美國生產，且包含零部件價值不超過 25%，美國企業仍能向華為企業供貨。

事實上，中美 "脫鈎"，尤其是科技的全面 "脫鈎"，會嚴重影響美國國內乃至全球的經濟、金融等多個領域，且會給投資者、消費者和美國自身利益帶來重大風險。而且，科技 "脫鈎" 會促使諸多中國公司意識到它們不能再依賴美國，從而會加速在高科技領域的自給自足，極大可能加速中國的本土科技創新進程。根據美國智庫歐亞集團分析認為，中國企業正在為"技術脫鈎"做準備，以降低"創新冬天"的可能性，且一旦被逼到牆角，中國可以通過將美國公司列入黑名單，甚至將美國資產在中國國有化來做出回應，而這將是"世界末日的情景"。例如，華為早在十幾年前未雨綢繆，開始建立自己的操作系統、國產化芯片等，為一旦受到美國的打壓和封鎖能夠生存下來而做各種準備。所以，美國要與中國實現技術的全面脫鈎，其結果很可能是事與願違。

因此，美國雖開始了一些具有"脫鈎"意味的行動，但"脫鈎"戰略是否真正能夠實施，具體能走到哪一步，這並不是美國政府能完全說了算的，還要看有關的"利益攸關方"願意付出多大的代價，以及中美在導致"脫鈎"問題上的磋商能夠取得多少進展。2019 年 10 月中美第十三輪經貿高級別磋商在知識產權轉讓和中國開放金融市場等問題上取得了進展，特朗普在記者招待會上公開表示，歡迎中國留學生到美國學習，歡迎中國投資，這也是開始給"脫鈎"降溫的表現。不過這樣的趨勢並沒有持續多久。進入特朗普政府的最後一年，隨着主要因為新冠疫情引起的中美關係的進一步惡化，美國的對華脫鈎行動有增無減。

（四）貿易戰向地域政治和安全領域的溢出

中美貿易戰並不是一個可控的、全封閉的環節，它所包含的貿易戰、科技戰、金融戰等也並不是真正意義上的戰爭。人們對中美貿易戰的一個重要擔憂，就是它是否會溢出經貿領域，進而波及到地緣政治和安全領域，出現矛盾和衝突的激化和升級，乃至擦槍走火，從"冷戰"轉為"熱戰"，導致真正戰爭的現實危險。

自特朗普擔任美國總統以來，中美貿易戰中經貿問題、地域政治問題之間的互動大致可以分為三個階段。第一階段是經貿問題服從於地緣政治問題上對華合作的緊迫需要。特朗普政府初期，一觸即發的朝鮮半島局勢成為美國政府要處理的當務之急。在這個問題上，美國急需中國的合作，從而使對華經貿問題處於從屬的位置。因此，特朗普從策略的角度，施壓中國在朝鮮問題上與美國合作，以加緊朝鮮問題的解決。貿易問題以及其他與中國的地緣政治問題，美方均未採取太多挑釁性的行動。第二個階段是地緣政治問題服從於對華貿易戰的需要。在朝鮮半島局勢得以緩和之後，特朗普於 2018 年上半年發動中美貿易戰，對華經貿問題無疑成為美國政府的重中之重。在這一階段，美方在經貿問題上對華極限施壓，試圖促使中方做出重大讓步，以達成一個對美國絕對有利的貿易協議。為此，美方在安全問題上相對緩和，且為了避免對中美貿易談判造成不必要的干擾，美方還推遲了某些安全問題上的行動，如沒有對台出售先進武器。第三個階段是經貿問題和安全問題上同時發力，兩拳並出。早期，特朗普嚴重低估了中美貿易戰的難度，但中方的韌性使得這場經貿談判曠日持久且一波三折，也磨滅了特朗普的耐性，帶動中美關係在地緣政治和安全問題上良性期待的落空。2019 年 8 月 1 日，特朗普宣佈對中國剩餘 3000 億美元商品增加關稅，經貿戰基本已經見底，打無可打。8 月 19 日，特朗普宣佈，批准對台出售 66 架 F-16V 戰機，價值 80 億美元，是特朗普上台以來規模和金額最大的一筆對台軍售，也是 1992 年老布什政府對台出售 120 架 F-16 戰機以來首次對台出售先進戰機。2020 年 1 月，也就是特朗普執政的最後一年，中美簽署了第一階段經貿協議。本來有理由相信，隨着特朗普最在意的中美經貿問題得到一定程度的解決，中美在安全問題上的矛盾也會得到一定程度的緩解。但是隨着 2020 年 3 月新冠疫情開始在美國全面爆發，並逐漸失控，導致美國經濟嚴重下滑，並影響特朗普的連任前景時，他開始遷怒於中國，不斷在競選中加大攻擊中國的力度，中美第一階段貿易協定對特朗普的重要性也逐漸降低，基本喪失了在安全等非貿易問題上制約特朗普的作用。

中美關係中經貿問題和政治安全問題之間的非良性互動，從 2019 年下半年開始發酵。在攸關中國核心利益的台灣問題上，特朗普政府從一開始就表現出與以往美國政府不同的政策傾向，與台灣諸多互動中，開了很多對華不利的先例。例如，特朗普在執政頭一年即開始對台軍售，在 2019 年達到 3 次，開創了所謂對台軍售常態化的新模式。美國國防部負責印太事務的助理國防部長薛瑞福明確表示，今後美國對台軍售將會從以前的"打包式"整批宣佈，向更為常態化的政府對政府的"外國軍售"模式發展。美國國家安全事務助理博爾頓 2019 年被美國總統特朗普解職前，罕見地公佈了一份 1982 年 8 月 17 日的總統備忘錄。這份總統備忘錄聲稱：

"美國對台灣提供的武器，無論數量還是質量，都取決於中國對台所構成的威脅，且必須確保台灣的防禦能力保持相對於中國的水準。"很明顯，這是要實質否定中美之間就售台武器問題在 1982 年達成的 "8‧17" 公報。而到 2020 年美國對台軍售更達到創紀錄的 6 次。特朗普執政四年，對台軍售共 11 次，總價 183 億美元，成為美台斷交以後，對台軍售最多的美國總統。

除了通過軍售加強台灣對抗大陸的軍事能力外，特朗普政府還不斷動用美國海軍力量在台灣海峽 "秀肌肉"，意在對大陸產生阻嚇威懾作用。特朗普執政四年，美國海軍艦隻通過台灣海峽的頻率逐漸升高：頭兩年只有 3—5 次，到 2019 年突然上升到 9 次，而 2020 年則達 13 次，是過去 14 年裏次數最多的。同時，美台軍事關係也從隱秘逐漸走向公開。2019 年 8 月，特朗普宣佈對台 80 億軍售之後，美國在台協會駐台處長更是打破不公開和台軍發生往來的禁忌，高調公開參訪台灣軍港，這也是美國駐台官員首次訪問台軍。

在政治層面，特朗普執政後，美台高層官員互動頻繁，層級不斷提高。2016 年 12 月，當選總統特朗普尚未上任，就破天荒地和台灣地區領導人蔡英文通了電話。美國高官訪台的頻率和級別也不斷上升。2018 年美國國務院負責教育和文化事務的助理國務卿羅伊利斯訪問台灣，出席美國在台協會的新址落成揭幕。2020 年 8 月，美國衛生部長阿扎爾訪問台灣，這是 1979 年美台斷交後訪問台灣層級最高的美國內閣官員。9 月，美國又派副國務卿克拉奇訪問台灣，是國務院訪問台灣級別最高的官員。台灣官員到訪美國的層級也呈上升趨勢。2019 年 5 月，台灣國安會秘書長李大維到訪美國，會見了美國總統安全事務助理博爾頓。這是中美建交 40 年來，美國和台灣首次在華盛頓舉行如此高級別的安全官員會晤。台灣駐美代表和特朗普政府高官見面，公開還是不公開的，也越來越成為常態。美國對台灣領導人的 "過境" 外交也放寬了尺度。其一是頻率上，蔡英文 2016 年上台後至 2019 年的三年多裏已經過境美國 4 次，其頻率超過其前任馬英九。其二是時長上，蔡英文在 2019 年 7 月的過境訪問中，在美國逗留了 4 天，是破紀錄最長的過境外交。其三是在活動範圍上，蔡英文擁有更為自由的外交活動，包括會見美國政要，在哥倫比亞大學發表演講，在台灣駐紐約代表處會見台 "邦交國" 常駐聯合國代表等。事實上，除了沒有到訪華盛頓之外，蔡英文已經實現了對美國的準訪問。此外，美國國會也試圖通過一系列立法行動，從實質上提升美台關係。2017年，美國國會通過《2018 國防授權法》，要求美國行政當局探討美國和台灣軍艦互訪的可能性。2018 年，美國參眾兩院通過了《台灣旅行法》，允許美國包括外交和防務官員在內的各級官員訪問台灣，也允許台灣官員訪問美國。2019 年 5 月，美國眾議院全票通過《台灣保證法 2019》，提出美國對台灣的軍售應該常態化，以協助台灣發展和整合不對稱戰力，包括水下及空中作戰能力。2020年 12 月，特朗普簽署《2020 年台灣保證法案》。法案提到美國要支持台灣自我防衛能力，讓對台軍售正常化。

　　在特朗普任期的最後兩個月裏，國務卿蓬佩奧在美台關係上實施了"最後的瘋狂"。在接受媒體採訪時他竟表示"台灣一直不是中國的一部分"，"這從里根政府開始就一直是美國的兩黨共識。2021 年 1 月他突然宣佈國務院已取消全部對美台官員接觸的單方面"自我設限"。作為取消對台限制的具體行動，蓬佩奧宣佈美國駐聯合國大使克拉夫特將訪問台灣。對這一明顯挑戰"一個中國"原則的行為，中國不得不做出強烈反應。外交部發言人表示中國將採取一切必要措施捍衛國家主權。美方如一意孤行，必將為其錯誤行為付出沉重代價。據媒體報導中國軍方通過中美兩軍聯絡機制告知美方，如果克拉夫特的專機進入台灣，解放軍軍機將尾隨進入台灣領空，宣示主權。如台軍機加以阻攔的話，不排除發生交火。美軍方經評估認為此舉很可能引起兩岸乃至中美軍事衝突，遂說服國務院臨時取消克拉夫特訪台計劃，已經起飛的美公務機不得不折返華盛頓。台灣媒體分析認為這是後冷戰時期台海最接近戰爭邊緣的時刻。

　　美台關係的另一個重要發展，是華盛頓開始公開直接地捲入海峽兩岸的外交角力，為擴展台灣的"外交空間"賣力站台。以往，美國對兩岸的外交戰一般不公開表示立場，而現在特朗普政府開始明顯在兩岸之間選邊站。自蔡英文政府上台後，已有 7 個"邦交國"和台灣斷交 [1]，轉而與大陸建立外交關係。美國對此罕見地公開

1　3 個在拉美，2 個在南太平洋，2 個在非洲。

表示不滿，甚至在 2018 年 8 月召回與台灣"斷交"的厄瓜多爾、多米尼加、巴拿馬三國大使，並商討對策，以防止出現拉美國家與台灣"斷交"的骨牌效應。美國的強烈反應，表明美國已開始從地緣政治博弈角度來看待兩岸關係和"斷交"事件。在美方看來，這些地區都是中美戰略競爭的重要"戰場"。中國與這些國家建交，意味着北京可以利用在這些國家新建立的外交存在，來加強工業和商業情報活動，擴展在這些國家的活動和影響，從而可能損害美國在這些地區的利益。美方需要考慮通過取消給那些和台灣"斷交"的國家部分或全部特惠貿易和其他好處等措施，來幫助台灣維持"邦交國"關係。2020 年 3 月，特朗普簽署了國會通過的所謂《台北法案》。該法案實際上就是要通過法律的手段要求美國行政當局幫助台灣鞏固邦交，參與國際組織的活動。

除了台灣問題，南海問題也日益成為中美之間存在地緣政治衝突的熱點領域。特朗普在就職之前，就曾公開指責中國在未與美國商量的情況下，在南海建立軍事設施，但也表明並不會因為中國在南海的行為而發動第三次世界大戰，更是在執政初期，三次拒絕了國防部巡航南海的要求。2017 年 5 月，特朗普政府開始在南海的第一次"自由航行行動"，且在 9 月制定了"自由航行行動"年度計劃，計劃每月開展 2—3 次。根據特朗普政府新決策機制，美國國防部長只需每年初提交一次年度性的行動計劃，一經批准，每次行動只需在啟動前通報國安會和國務院，並不需要再得到特朗普的同意。這意味着，美國巡航南海日趨常態化。在中美關係日益惡化中，美國在 2017、2018 年分別開展了 4 次"自由航行"行動，而到了 2019 年和 2020 年，這個次數就增加到了每年 10 次。美國海軍巡航不僅次數增加，而且挑釁程度也不斷提升。美軍艦隻每次巡航幾乎都要進入南海中方控制島嶼的 12 海里範圍之內，而且巡航的範圍也從南沙擴展到西沙，極大增加了兩軍擦槍走火的可能性。2018 年 9 月 30 日，美國海軍驅逐艦在進入南沙群島後，差點與中國的"蘭州號"驅逐艦發生撞擊，最近時雙方只差了 41 米，美艦不得不被迫轉向以避免相撞。更有甚者，美軍還試圖糾集其他盟國如英國、法國、澳大利亞等參加和美軍一起巡航。

美國國會也一直試圖在南海問題上興風作浪。2017 年，美國共和黨參議員盧比奧（Marco Rubio）、民主黨參議員卡丁（Benjamin Cardin）提出"南海和東海制裁議案"，要求美國政府懲罰在南海和東海地區參與北京方面"非法和危險活動"（包括在南海填海造島、建造燈塔和修建移動通信設施等）的中國實體和個人。這個名單包括中國石油化工股份有限集團公司、中交集團（CCCC）有限公司、中國移動、中國電信、中國南方電網、中國港灣工程公司、中航（AVIC）、航天科工、航天科技、瀋陽飛機製造公司、陝西飛機製造公司、中國遠洋運輸、中國南方航空、三一集團等等。由於制裁範圍過大，該法案於 2017 年首次提出後直接被參議院外交關係委員會擱置，未能在參議院進行表決。但在 2019 年中美關係持續緊張之時，該法案在參議院得到了更多的支持，100 名參議員中的 13 名兩黨參議員聯署了該法案。這個法案到目前為止還沒有在國會通過。不過沒等到美國國會通過法案，特朗普政府已經採取行動了。2020 年 7 月，美國國務卿蓬佩奧發表聲明，稱中國在南海的領土主張 "完全不合法"。這是美國首次公開否認中國在南海的 "九段線" 領土主張。8 月他又宣佈制裁 24 家參與南海建島的中國企業，將他們納入實體清單。

特朗普執政的後期，隨着國務卿蓬佩奧對美國外交的影響越來越大，美國對華政策的意識形態色彩也日益濃厚。蓬佩奧公開攻擊中國共產黨，離間中國共產黨和中國人民的關係，成為後冷戰時期最為反共反華的美國國務卿。2020 年 7 月，蓬佩奧在加州尼克森圖書館發表 "新鐵幕" 演講，號召中國人民和世界各國 "改變中國共產黨" 的行為。2020 年 12 月 2 日，美國國務院發佈規定，限制中共黨員及其家屬赴美簽證。幾天以後，蓬佩奧又宣佈禁止中共統戰官員或參與中共統戰活動的中國人士入境美國。

在中美意識形態和價值觀衝突最激烈的人權領域，特朗普政府也不斷施加對華壓力。雖然特朗普本人並不十分在乎人權問題，但美國國內的政治體制和價值觀決定了這個問題基本無法迴避，且迫於美國國會的壓力也會採取行動。這集中表現在香港問題上。最初，特朗普表示對香港情況並無太多關注，且認為香港問題是香港與中國內地之間的事情，中國會 "負責任地" 處理好香港問題。但在 2019 年 8 月中美貿易談判出現嚴重分歧時，特朗普態度大變，開始把香港問題與經貿談判掛鈎，表示中美達成貿易協議的前提是中國用 "人道主義" 方式來解決香港問題，並聲稱全球都在期待中國政府嚴格遵守承諾，保護香港的自由、司法體制以及相關的民主生活方式。而 2019 年 10 月中美第十三輪經貿磋商取得實質進展後，特朗普又軟化了對香港的態度，認為香港情況正在好轉，可自行解決。2020 年隨着新冠疫情在美失控，特朗普對和中方談判第二階段經貿協議不再感興趣，再加上中國的立法機關全國人大通過香港國安法，美國國會迅速通過《香港自治法》，特朗普政府對港態度日趨強硬。2020 年 6 月美國商務部長宣佈正式取消香港特殊貿易地位。總統特朗普於 7 月 14 日簽署《香港自治法》，並發佈行政命令取消香港的優惠經濟待遇。8 月特朗普政府即根據該法律宣佈對香港和中國的 11 名官員實行制裁，包括香港特首林鄭月娥。2021 年 1 月，就在特朗普政府下台前夕，美國又宣佈對 6 名香港和中國官員實施制裁。

在中國治疆（新疆）政策上，蓬佩奧領導的美國國務院扮演了重要的角色，在聯合國大會場邊組織召開了宗教問題研討會，發動人權組織來批評攻擊中國的治疆政策，矛頭集中在新疆的 "職業技能教育培訓中心" 上。美國國務院副國務卿沙利文（Dan Sullivan）直指教培中心，是中國 "發動的一場系統的阻擋自己的公民完成起碼的宗教自由權利的暴力行為"。值得注意的是，在中美第十三輪經貿高級別磋商的前夕，美國國務卿蓬佩奧宣佈對中國治疆官員及其家屬簽證限制措施，而在這前一天，美國商務部宣佈對涉疆的 28 個實體實施出口限制，這反映了一個重要的動向，即美國可以利用人權作為幌子來限制打壓中國的高科技企業，所謂的 "人權戰"實際上也是美國"科技戰"的一部分。進入特朗普政府的最後一年，美國打壓新疆的動作變本加厲。2020 年 7 月美國宣佈制裁新疆 4 名主要官員和 1 個實體（新疆公安廳）。就在蓬佩奧擔任國務卿的最後一天，2021 年 1 月 19 日，他竟發表聲明稱中國對新疆維吾爾族"犯下種族清洗和反人類罪"，將對新疆問題的錯誤指控推向極端。

第三篇

中美貿易戰及中國應有的對策

　　中美貿易戰傷及兩國的整體關係，危害世界經濟的發展，為世人所矚目。一般來說，此輪中美貿易戰包括四個分戰場：關稅之戰、科技之戰（含價值鏈之戰）、金融之戰（含匯率投資之戰）、法律之戰（如長臂管轄）。中美貿易糾紛由進出口順逆差之爭開始，一度是緩慢升溫，但現在迅速升級到鏖戰的階段。在世界經濟已出現衰退端倪的時刻，美國以地緣政治為基本出發點來加深貿易戰，四管齊下，竭盡全力，不留餘地，令國際社會廣泛地擔憂，普遍地反對。

第五章　關稅之戰

　　關稅之戰是此輪中美綜合性經貿對峙的導火索，但從宏觀的戰略影響看，它正日益讓位於雙邊經濟總體戰的其他組成部分，比如科技戰。華盛頓漠視世界貿易組織的糾紛解決機制，單方面地對中國實現懲罰性關稅制裁。從 2019 年 9 月開始，其範圍已經涵蓋中國輸美的所有 5500 億美元的貨物，並且所加的稅率也隨着極限施壓的力度提高而升高。特朗普威脅要將已開徵的 2500 億美元中國商品的稅率提高到 30% 的極限，並對餘下的 3000 億美元的進口商品的稅率提高到 15%。此舉將把對中國進口商品的平均關稅從特朗普上任時的 3.1% 提高到 21.2%。在這一過程中，稅務談判成為貿易戰的一個重要組成部分，有必要予以分析。

（一）稅務談判
美國式談判的霸道
　　中美貿易戰的談判已經十進十出了。中美兩國元首在 G20 大阪峰會上形成了公正合理解決貿易糾紛的共識，雙方也進行了十三輪的艱苦談判，對 95% 的分歧達成協議。但特朗普變臉如同翻書，一言不合就再次揮舞關稅大棒，破壞了談判進程和氣氛。比如，華盛頓政治性地宣佈中國為貨幣操縱國，為最終的文本簽訂添加障礙。"特朗普之怒"讓國際社會看到他對兩國元首共識的"誠意"。從他"美國唯一"的思維框架中，世人大體可以確定華盛頓並未真的想過用雙方都可以接受的互利談判來解決中美貿易爭端。

冷戰後的美國政客，特別是特朗普本人，尚未學會如何尊重別國的正當利益。例如，丹麥反對那種夢幻式的格陵蘭島併購提議，是一個主權國家對一個明顯的無理要求再正常不過的反應，但特朗普盛氣凌人地對丹麥總理呵斥："你不可以這樣對美國說話。"美國對其他國家霸道的話語方式，已經讓這些政客習以為常。所有關注中美談判的人都有理由思索一個重大的問題，即：美國真的是在與中國談判貿易爭端嗎？或許，華盛頓只把談判當作一個對華進行政治打壓、經濟攫取的工具。談判中常用的技巧是在一時無法達成共識時"離身而去"，但最終還是會"轉身而回"，以實現預期的利益最大化。特朗普或許還會"轉身而回"，因為若是由他終止談判，就要承擔破裂的最大責任。所以，談判或"休戰"都是一場持久戰的組成部分，會經歷多次階段性的"休戰"與破裂。而華盛頓在規劃這些"休戰"與破裂時，總體上是基於"戰"的階段性代價評估，而其遏制中國崛起的終極所圖不會有絲毫改變。

　　所以，談與不談，或談判的最終結果如何，主要取決於美國的政治態度，而非特朗普怪異的談判手法。有道是，談判的成功在於雙方共同的努力與妥協，而其失敗僅需一方的任性和執拗。納瓦羅（Peter Navarro）用源自於天主教教義中的七原罪來定位中國的對美貿易，將談判的價碼無限提高。就中國而言，它的對應三原則（美國須取消所有的已加關稅；中方不會無限度地購買美國商品以削減出超；雙方協議文本必須平衡，不得加進政治性的歧視語言），也難以令美國所接受。特別是第三項原則強調，中國絕不會在壓力之下簽署一份新的《望廈條約》。美國商戰的政治目的，遭遇到中國堅定回應的政治意志。除非特朗普將貿易戰去政治化，雙方才能在商言商，互利雙贏；否則，就無需將消弭貿易戰的希望單純寄寓於談判之中。

中國式以柔克剛

　　談判失敗會令中國蒙受巨大的貿易損失。在此情景下，在維護核心利益的原則下，中國應該如何有理、有利、有節地應對其結果？當然難度極大。

　　在戰略和戰術上，中方不應首先、主動地"轉身而去"。在美國宣佈對所有中國輸美 5500 億美元的商品加徵關稅後，劉鶴副總理仍建議在 2019 年 10 月與美方繼續磋商，這既是理性之舉，也是維權的步驟。談判爭的是國家利益和民生福祉。在堅持國家主權和尊嚴的基礎上，一定的讓步在所難免，應該對美國所提減少逆差的要求予以充分的包容。另外中國市場巨大，對美國企業有吸引力，但潛力變成現實只有在美國企業進入中國市場之後才能實現，大量美商進入中國市場有一定的難度，已經進入的在管理和技術合作上也有許多不能盡遂其願的障礙，積累起了各種不滿。中方要意識到美方情緒的合理與不合理之分，在談判中做出相應的安排和妥協。這樣在一定程度上，中方的讓步應能減少達成協議的摩擦。

只要談，中國就有希望為自己爭取到一定的利益。只要談判不徹底破局，中方就應將其進行到底，儘管談判團隊可能在這一過程中非常屈辱。美國財政部長努姆欽在 2019 年 9 月 9 日表示，美國已在如果達成協議，以及如何執行已達成協議的問題上與中國達成了“概念性”共識，強調貿易談判已取得了積極進展。在一定條件下，即便是在一些個案上通過談判達成豁免也可以保護中國企業的權益。局部的協議和臨時的妥協也可以減少國家的損失。貿易戰是持久戰，貿易談判亦是如此。將貿易談判貫穿於貿易戰的始終，有利於贏得新的空間來延遲攤牌。空間愈大，越有助於中央決斷，發揮內地的制度優勢，凝聚人民的支持。而國家可以承受損失的能力和耐力就可以大幅提高，而這恰恰是美國之短，誰能笑到最後並不是一個難解的問題。

（二）揚長避短，修煉內功

從 2019 年頭七個月的經濟資料看，國內生產和對外出口均維持在正面的區間裏。也就是說，關稅戰尚未影響到中國經濟的基本面。2019 年上半年，中國國內生產總值（GDP）為 450933 億元人民幣（1 元人民幣約合 0.15 美元），按可比價格計算，同比增長 6.3%。儘管 GDP 增幅降至 27 年以來的最低點，但主因是中國經濟結構深度調整，而非貿易戰。這一結論與國際學者的研究是一致的。事實上，一年多的貿易戰並未能如許多西方學者所預估的將中國的經濟增速打到 6% 之下。2019 年，中國經濟增長率為 6.1%，實現年初制定的 "6% 至 6.5%" 的增長目標，而美國的經濟增長率大約在 2.3%，日本和歐元區的增速略高於 1%。可以說，中國仍然是全球主要經濟體中的佼佼者。有質量的中低增長並不是一個令人擔憂的問題。

按中國巨大的經濟的體量計，加上新一輪國民的消費革命，可以耗得起一場由外部強加的貿易戰。在經濟增長由基於投資和出口刺激，到基於提振供給側的內需拉動的轉型過程中，GDP 漲落之外的其他統計資料也具有同等重要的價值。比如，國內消費已經連續 5 年成為推動中國經濟增長的最大動力。根據中國統計局的資料，在 2019 年前 6 月，內地服務消費接近整體消費的一半，達到 49.4%，比去年同期提高 0.6%。第二季度網上購物額同比增長 17.8%，比一季度加快 2.5%，其中近一半新增消費通過電商實現。文化娛樂、信息、旅遊、餐飲、教育進修培訓等消費能量持續爆發，"夜經濟" 在都市區逐漸成為新亮點。對中國經濟發展長期發展潛力的樂觀預期是必須的，因為這事關國民應對美國壓力的信心。

從另一個角度看，目前內地經濟健康的增長率雖然印證了中國經濟的韌性，但不可否認的是，長期的貿易戰勢必惡化國內 GDP 增長的下行壓力。中國的當務之急是，如何對沖中美貿易戰對當下國內經濟成長和社會穩定所帶來的直接的負面影響，找到切實可行的對策。事實上，中國所面臨的經濟困難也是自改革以來前所未有的。根據 2019 年 8 月份的統計，製造業採購經理指數（PMI）為 49.5%，比 7 月小幅回落 0.2 個百分點，連續 4 個月處在榮枯線之下。在中美貿易戰惡化的外部壓力下，第四季度經濟景氣難言樂觀。通貨膨脹的指數接近國務院所設的 3% 之上限，而且後續上揚的風險強勁，因此國內的財政與金融政策難以放開。根據中金公司的報告，部分製造業不景氣，一年來所流失的崗位已接近 500 萬，其中大約 190 萬與貿易戰相關，500 萬佔製造業僱工的 3.4%，是一個不小的數字。國內債務累積，其比例已超過 GDP 總額的 300%。平均家庭負債率達到 58%，名列世界前茅。雖然造成這些壓力的主要原因不能歸咎於美國發起的貿易戰，但貿易戰不可避免地加深了中國經濟轉型過程中的不確定性，是一定要認真對待的。

（三）反制制勝

對策一：精準回擊，政治導向

2018 年 7 月開始，美國對中國的 500 億美元輸入商品加徵了第一輪關稅，接下來在 9 月 24 日，美國推出第二輪 25% 的加稅，涉及中對美 2000 億美元的出口。根據彼得森國際經濟研究所的統計，其中被加徵的日用消費品類別在此兩輪的總額中均各佔 1%，所以，在首兩輪的交鋒中，美國打的主要是中國的工業成品的零部件。但若美國落實了第三、第四兩輪的加稅，其比例會快速上升至24%和40%。這幾組資料透露出幾個主要信息：

首先，美方非常顧及國內消費者對價格上升的實際感受，特別是在大選之年。特朗普將貿易戰與選舉計劃掛鈎，比如在前兩輪的加稅清單裏他儘量把關乎民生的中國輸美日用品排除在外。這種掣肘，與他競選連任的計劃從頭至尾都息息相關。美中貿易全國委員會的數據顯示，由於關稅的影響，美國家庭平均每年要多支付1000美元。這當然會對特朗普的選情帶來負面影響。之前他一直宣稱是中國支付了加徵的關稅款，美國為此賺入成百億的紅利。然而，他自己又表明，為美國消費者計，把第四輪的3000億美元商品中大部分日用消費品的增稅推遲至2019年12月15日。屆時美國人民的聖誕節購物已基本結束。這一推遲恰恰證明了是美國消費者支付加稅的負擔，不僅打臉特朗普，更重要的是揭示出他連最基本的經濟常識還未掌握時，就發動了一場龐大的或許連自己也無法收場的賭博。

對中國輸美日用品的新課稅對美國消費者的打擊由美國國內的一片撻伐聲中可見一斑。芒德（美國玩具協會負責聯邦政府事務的副總裁）擔心，由於85%在美國出售的玩具來自中國，加徵關稅會給美國的玩具企業帶來“直接打擊”，造成6.8萬人失業。美國貿易代表辦公室從2019年6月17日開始召開系列聽證會，就特朗普加徵關稅徵詢相關企業的意見。美國貿易遊說團體“繁榮美國聯盟"（Coalition for a Prosperous America）發佈消息稱，超過 600 家美國企業聯名簽署反對特朗普對中國輸美商品加徵新關稅。就在這封聯名信發佈的一週前，同樣有包括沃爾瑪、塔吉特、利瓦伊斯在內的超過 600 家美國企業致信白宮，敦促特朗普撤銷對中國商品加徵的關稅並且結束貿易戰。時至今日，更多的美國業界人士（超過 85%）抵制這種用政治性逼迫商業的自傷行為。

美國國內普遍的反對會影響特朗普團隊的未來決策方向嗎？躊躇也許是難免的，但如總統顧問納瓦羅所言，美國人民必須要為打壓中國承受一定的損失。然而，美國消費者能否為美國鷹派精英以意識形態的偏好而發動對華貿易戰買單，這取決於他們所經歷的"痛"有多大、多長。所以，中美兩國的貿易戰是一場"耐痛之戰"，攻防的舉措首先從政治考慮，其結果也必然是政治角力的結果。比如，美國獨立日焰火秀很政治，是美國第一的愛國秀。過去 40 年，中國是其主要的煙花來源，沒有了中國煙花，美國獨立日還能盛開嗎？美國煙花協會的執行主任朱莉·赫克曼（Julie Heckman）如此發問：每年，僅在 7 月 4 日的這個星期，全美各地有大約 16000 場煙花表演，絕大多數是由小城鎮贊助的。如果漲價 25%，可能很多城鎮就放不起焰火了。[1]

精準回擊、政治導向的實質意涵是，借力於美國國內的選舉政治，把對美國的針對性回擊的效用最大化，不對稱是其基本特點。

1　美媒：中美關稅戰　只有這種中國商品可能會幸免，http://news.dwnews.com/global/news/2018-07-03/60068432.html。

因為,中國出口到美國的商品遠少於美對華的,無法一對一的回敬。但中國若選對了課稅商品,其作用會事半功倍。經過深思熟慮的精算,中國在 2019 年 8 月末提出了 750 億美元的反制清單,新增的 62 億美元的商品是美沒有替代市場的。另有 671 億美元的商品與前三批的反制項目相重合,也是中方回擊的重點領域。其中最重要的是三個大項:(1)農產品,關稅迭加後高達 30%。這裏包括特別引人注目的大豆,外加上水產品、蔬菜水果;(2)汽車;(3)石油天然氣。

對美國農產品徵稅將重點打擊特朗普的選票區。在 2016 年的大選中,這些州農民的支持使原本是搖擺州的選票向特朗普移動,是其勝選的關鍵條件之一。現在這些州的農民對特朗普的貿易戰怨聲載道,也是他不得不考慮 "休戰" 的要素。當然,對美國農產品徵稅也要有所選擇。比如,免除部分大豆的進口關稅除了對美國釋放出一定善意,有利於下一步的談判之外,還可以緩解中國國內之急需,在很大程度上,這也是政治。中國 9 月同意再買 60 萬噸美國大豆,體現出原則性和靈活性的高度結合。

同樣,汽車產業也多數坐落於特朗普 2016 年選舉的支持州。歷史上曾經繁榮無比的汽車產業使美國成為生活在車輪子上的國度。而今景氣不在,令過去的繁榮地帶變成了 "鐵鏽區"。這裏的工人在 2016 年的選舉時多支持特朗普,即希望他可以重振美國的汽車產業。而如今,中美貿易戰可能使世界第一大汽車消費市場的門對美國汽車大幅關閉。在這一輪的課稅對抗中,中國將對美國進口汽車從 12 月起恢復徵收新稅，累計加徵至近 40%。相較於對歐洲日本汽車所課的 12% 左右的關稅，美國的競爭優勢殆盡，其後果甚為嚴重。在中國宣佈對美國的汽車增加關稅後，美國汽車股應聲而跌。

在中國的新添加的商品中，原油首次出現在關稅清單。能源行業不僅是特朗普 2016 年大選的票倉所在，更是中國一直向美國提出大量購買以消減貿易逆差的大宗商品，原本是美國提振石油出口的一次良機，現在因特朗普的貿易戰有可能出現流失。一正一反相加，對美國石油業的打擊是顯而易見的。

這三個大的課稅領域是特朗普的政治軟肋，是美國外貿產業的薄弱環節。對它們的精準打擊會產生明顯的政治效果，所以是中國在過去一年裏反復使用的政策工具，今後還會繼續使用下去。

對策二，降低對世界他國的入華產品關稅

中國的經濟總體改革是持續地擴大對外開放，其中一個重點領域是降低大部分的進口關稅。在中美貿易戰的背景下，這一改革開放的舉措更具有新的政治和商貿的意義。

降低與美國有競爭關係的別國出口至中國的關稅，可以用來削弱美國商品在中國市場上的競爭力。2019 年中國對世界經合組織（OECD）的平均關稅已經降至 8%，對其他 OECD 以外的國家更下降至 6.7%，而對美國的則升至大約 20%（PIIE 國際經濟研究所）。如此的此消彼長具有指標性的意義：首先，有比較才知曉傷害的程度。貿易戰的深入，會進一步增加美國企業的生產銷售成本，對此的反彈也勢必愈加激烈，勢必在政治上對特朗普形成壓力。2019 年上半年，美國從中國的進口下降了 12%，對華出口下降了 19%。同期，中國與其他國家的貿易明顯增長，部分抵消了與美國的貿易下降。中美貿易戰建構出一個新的世界外貿格局：歐盟和東盟已成為中國的第一和第二大貿易夥伴，而美國則降至第三。

降低對世界他國的關稅的另一個功能是更容易地幫助中國尋覓美國輸華商品的替代源。中國宣佈對美國大豆徵收 33% 的關稅，相比之下，中國對巴西和阿根廷的大豆僅徵收 3% 的關稅。從 2019 年 12 月 15 日起，中國將對美國汽車和汽車零部件徵收 42.6% 的關稅，而對來自德國和日本的同類產品的關稅是 12.6%。美國對華的關稅壁壘不可避免地勢將重新配置全球經濟供給側結構。中美稅戰加快了中國出口再多元化、再分散化，現在它的 80% 左右的出口產品流向了美國以外的國家，初步糾正了對美國市場的不對稱依賴。

對策三，繼續提振內需，減少總體經濟對外貿的依賴程度

從表面上看，這次中美貿易戰是中美在貿易方面的不對稱依賴。過大的外貿順差反而成了某種負擔。但從實質上看，真正的根源是中國的對外貿易在全國 GDP 中的比例仍然過大；儘管經過多年的調整，外貿在 GDP 的結構中的比重已經大大地消減了。2018

年，中國的外貿產值仍佔 GDP 的 18% 左右；相比而言，世界大國對外貿的依存度均為 10% 左右，美國是 8%，就連以貿易興國的日本也還在 11%—13% 之間徘徊。對於一個像中國這樣的大國而言，過大的對外貿易量，意味着過多地被世界衰退周期所影響，產生更大的經濟脆弱度，特別是在中美之間還存在着難以彌補的結構性利益衝突的背景下。

從長遠來看，中國外貿新的改革方向是在兩國經濟不脫鈎的基礎上，採取重大舉措，繼續減少對美國市場的依賴程度。從其持續下行的趨勢看，通過工業政策和市場調節，不用很久，中美經濟不對稱比例會調降至 10% 左右。如果一旦實現這一目標，中國外貿就更能有效地抵禦美國的課稅大棒，乃至整個西方在貿易上對華的壓力。從此邏輯上看，美國的貿易戰可以從外部加速這一調整的過程。而到了那一階段，由於中國的高儲蓄率，國家與民企所擁有的對內、對外的投資能力會遠超美國。特別是中國超過 4 億的中產階級人口，以及由其所塑造的龐大的國內需求會形成比美國更有容納力的世界進口市場。邁過現在的溝坎，日後坦途可期。也就是說，在與美國進行的一場貿易持久戰的過程中，不必過於強調雙方的互補共生關係。

中國政府一方面需要通過供給側改革來為核心企業實現國內經濟重組贏得時間，另一方面要使經濟發展更多地依靠國內消費驅動而並非依賴對外貿易。具體而言，對外貿易目前雖只佔中國 GDP 總值 20% 左右，並且這其中的大部分實際上與美國無關；倘若比例能進一步下降，中國同美國進行一場持久戰的能力會更好。因為，中國大量的出口雖然流向了美國以外的國家，但它們或多或少仍與美國發生一定的間接關係，難以完全擺脫美國的壓力。

對策四，打蛇七寸

中國擁有美國高度依賴的商品，比如抗生素和稀土。美國醫院所用的抗生素 75% 依靠中國的進口，其中包括美軍的需求。美國對中國稀土的依賴更高達 95%。這就是為什麼在美國對華徵稅的各種終極清單裏，藥品和稀土從未出現過。鄧小平在 1970 年代就已經論述過中國稀土的戰略價值，將其與石油武器相比擬。限制對美的稀土出口，如同打蛇打在七寸上。根據美國國會研究服務中心（U.S. Congressional Research Service）2013 年的一份報告，每架 F-35 戰機都需要大約 920 磅的稀土材料，而這些稀土材料均來自中國。在可想見的未來中美對峙中，F-35 一定會被用來對付中國的 J-20，因此從理論上說，賣美國稀土可能是資敵。美國在 2018 年一次訂 490 架 F-35，瘋狂數字後面難道沒有對中國稀土供應壟斷的擔憂？若真的沒有，不是美軍的錯，是中國把它慣壞了。

習近平和劉鶴在 2019 年 6 月一起視察了江西稀土生產基地和加工企業。習主席明確談到，老區的人民不會答應中國稀土成為別人用來打擊中國的資源，其中的含義不言自明。當然稀土作為戰略武器切不可輕用，但到了必須要用的時刻，就不能不用。其實，就算沒有中美貿易戰，中國對稀土資源的保護也早該認真推行了。

中國的稀土儲量雖然很大，可用 1000 年，但它的開採、加工極為複雜，需要付出極大的生態代價。加工一噸稀土會生成 2000 噸的毒土毒水，因此由中國來負擔全球的稀土供應和由此帶來的 "遺毒"，非但不公平，更是毫無道理，必要的管控勢在必行。近幾年來，中央已經將稀土的開採進行定額化管理，並大幅調低了年產量，過去兩年，每年下調 6% 左右。但這只是開始，借中美貿易戰的來由，中國實質性地削減稀土出口，既符合道義，也符合國家的長遠利益。

（四）客觀預測貿易戰的後續影響

中美貿易戰的發生是在中國經濟轉型的關鍵節點上，因此不可避免地會對國家發展帶來十分負面的影響。貿易戰對出口、經濟長期增長的持續下行的負面影響是肯定的。否則，2018 年 6.3% 的 GDP 年增幅還會更多一些。所以，在樹立信心的同時，也必須對可能出現的任何挑戰做好充分的預判，拉出具體的負面清單，以利於對今後要面對的各種問題有充分的認識和準備。

首先，中國內地工業的巨大過剩產能需要找到出口。美國曾經是世界上最易進入的市場，但貿易戰為此豎起高隔斷。中國的內銷市場雖可補救一定的損失，但結構性困難仍會很大。根據摩根士丹利（Morgan Stanley）的測算：假設美國對中國商品全部徵收 15%、30%、45% 三種稅率，中國對美國的出口將會分別下降 21%、46%、72%；對應中國總出口下降為 4%、8%、13%。考慮到中美貿易戰對中國出口帶來的直接和間接的損失，在美國對中國輸美所有出口商品施加懲罰性關稅的情形下，中國政協主席汪洋曾提出過全國 GDP 年成長流失 1% 的推算。1% 的確是一個非常高的數字：關係到 1200 萬人的就業和價值 8000 億人民幣的 GDP 損失。2019 年頭八個月，中國貨物貿易進出口總值為 20.13 萬億元人民幣，比去年同期增長 3.6%。但增速並不理想，預示着未來向負面區間轉化的可能性加大。

其次，大幅削減美國的大豆進口也是一個挑戰。2018 年，美國向中國出口大豆噸數驟降 49%。從內政角度看，中國的確需要海量的進口大豆來滿足國內的剛性需要，這關係到餐桌上的民生問題。中國市場對大豆存在結構性短缺，供給側的惡化會在一定程度上誘發食用油、畜肉、豆製品等眾多商品價格的輪番上揚。比如，2019 年 8 月，豬肉價格上漲 31%，影響 CPI 1.3 個百分點。當然，飆升的肉價不完全因為大豆供應短缺所致，但由於農副產品價格構成國內 CPI 指數的三成，其漲勢必然連帶總體 CPI 的相應攀升。在 CPI 上限為剛性的 3% 的基礎上，國內總 CPI 指數可以用來吸收農副產品價格的上漲空間並不大。結果是，當國家在需要採取較為寬鬆的貨幣和財政政策時，不得不因擔心農副產品的過快上揚而進一步收緊，繼而控制基礎設施建設、實體產業和房地產開發的投資，從而激化一系列的社會問題，比如就業和退休福利。所以，相關部門應該認真研究可行的大豆外購的替代方案。2018 年，從巴西進口大豆同比增長 30%，從俄羅斯、烏克蘭、印度等地的進口量也大幅提高，但新的進口來源在多大程度上可以彌補美豆停進所造成的短缺口子，要心中有數。其實，最佳的方案是增加本國的供應源。中國在此有巨大的潛力，三北地區有大片可以用來種植大豆的農田，只要政府進行適量的資金投入，並引導種植者改進耕作技術和種植方式，大豆的自給率會有可期的改觀。

第六章　產業鏈的重塑之戰

　　美國發動貿易戰的一個重大目的是重塑全球製造業產業鏈。中國作為世界第一大製造業實體，在當前的全球製造業產業鏈中擁有舉足輕重的地位，而美國因製造業空心化則很難在全球產業鏈中發揮主導作用。美國似乎已經做出戰略性的判斷，若不將中國在全球製造業產業鏈中邊緣化，就無法從經濟的根基上抑制中國的崛起，而且美國在安全和外交領域裏對中國所進行的所有反制措施均無法達其全效。

　　然而，特朗普的"斷鏈"工程真的能達到去"中國化"的目的嗎？答案是否定的。比如，他一手打破了安卓系統在現今全球價值鏈的一統地位，迫使華為放出"鴻蒙"作為替代操作系統，假以時日，世界上將會形成兩個並行的半導體生態鏈。華為本來並不想放棄谷歌，更不欲過早離開既有的全球價值鏈，但為了長久的生存、更好的生存，不得不開發出自己的生產鏈。美國的破鏈行為，到後來很可能搬起石頭砸了自己的腳。

（一）產業鏈塑造的"雁陣"理論與實踐

首先，國際產業、價值鏈的形成是基於一個經濟學的簡單定義，即互補優勢與產業分工。它的形成最終成為一個全球性的公共產品平台，各國，包括美國均從中獲益。在後工業化時代，一種戰略產品已無法由一個單一的企業全部完成，而是由多國幾十甚至上百家的廠商共同參與開發、生產、全球銷售。在這個鏈動過程中，70% 是中間貨物的交易，30% 是成品貿易。而這 70% 中間商品的流程，直接體現出"你中有我、我中有你"的相互依賴。比如，在中國的合資企業，藉由這 70% 中間商品的組裝，貢獻了中國 60% 的出口。中美貿易戰的直接受害者，是對華出口中間產品的國家。比如，韓國正受到正面衝擊。又如，蘋果公司的手機、計算機的生產在全球招標，由上千家工廠組裝，形成了涵蓋上、中、下各端零件的全方位產業、價值鏈。在這裏，"鏈"的概念是動態的，光有資金技術不一定能成為龍頭，比如富士康。組裝者的作用也至關重要，是整個鏈條運作的樞紐。如組裝者再擁有龐大的消費內市場，它在產業鏈中更能起到舉足輕重的作用，比如中國，既是世界產業最大組裝的中心，也是最大的消費市場。

需要引起關注的是，在國際產業鏈、價值鏈的長期建構過程中，形成了兩條並行不悖的供應、生產、銷售、研發的鏈動系統：即製造業產業鏈和高科技價值鏈。中國在其中均佔有舉足輕重的地位。美國正試圖通過貿易戰的方式，將中國在這兩個全球聯動過程中邊緣化，特別是在價值鏈的運作中。這印證了美國挑起貿易戰所爭的經濟成分遠低於政治成分，是地緣戰略和地緣科技戰的延續。

　　從理論上講，世界經濟主要由實體經濟構成，經過從勞動密集型製造業向高科技產業的發展的各個階段。這也就是人們常說的"國際雁陣式發展模式的具體化"。從 20 世紀 50 年代開始，隨着美國本土的勞動力價格不斷攀升，勞動密集型製造業外移勢在必行。而首選地是勞動力成本仍偏低的日本。隨後，美國又將它的資本密集型工業向日本轉移，逐漸形成了美國研發並生產最高端的零部件，而由日本組裝、生產再營銷全球的初步產業鏈。隨着日本勞動力成本的上升，對環境污染代價日益減少的承受力，它在 20 世紀 70 年代也重複了美國之前的做法，將勞動密集型和資本密集型的工業逐漸外移至亞洲"四小龍"、繼而"四小虎"，最終由中國承擔了世界上絕大比例的勞動密集型和資本密集型的製造業。這一過程，構建了亞洲工業化由低端向中高端發展的"雁陣"模式；其基本的結果，成就了中國作為世界工廠的地位。而中國既有良好的勞動力資源，又有日益完善的基礎設施，更重要的是它自身龐大的人口和市場，成為產業鏈的中樞自有其必然的原因。中國因此逐漸形成了從低端到高端的完整生產鏈、供應鏈，這在一定程度上是中國經濟和軍事崛起的最強大支柱。

　　美國對中國發動的貿易戰，在很大程度上就是要削弱中國製造和中國作為世界工廠的實體經濟的基礎。從邏輯上看，如果對在中國生產的勞動和資本密集型產品課以高額關稅，在中國生產這些輸美產品的廠家就要負擔更高的生產成本。為了不影響其盈利的水平以及市佔率，他們把設置在中國的生產線轉移到其他可以繼續享有美國關稅最優待遇的國家是正常合理的商業決定。但對中國而言，過快的產業流失很可能就會造成實體經濟（勞動密集型和資本密集型工業）空心化的傾向，類似於 1950 年代在美國以及 1970、1980 年代在日本所發生的去工業化過程。而且，中國會流失美國這個世界最大市場中的很大一部分份額。

這種"雁陣式"的工業移轉，從長遠看對中國而言也是一個不可逆轉的過程。也就是說，一旦中國的勞動力價格達到一定水平，中國對環境生態保護力度逐漸增強之後，它也會自然地將很大一部分勞動密集型的中國製造業轉向其他國家，比如越南、斯里蘭卡。然而，美國的貿易戰迫使中國的產業轉移過程發生得過早、過快、過於被動，其負面後果深遠而嚴重。

第一，低端勞動力的就業對中國社會和政府形成了巨大的壓力。勞動密集型的製造業在過去二十年是一個非常有效的就業壓力減震器。它過快地轉向其他國家，會立即加大中國國內的就業壓力。

第二，實體經濟是中國國民經濟體系的基礎和支柱，而中國的勞動密集型和資本密集型的產業又是實體經濟的核心。美國希望通過貿易戰將中國實體經濟空心化，有影響中國國內政治社會穩定的戰略意圖。

第三，在中國目前的經濟模式中，維護兩個共存的生產鏈的並行發展有其重要的現實意義。在產業升級由相對低端的製造業，逐漸向高端的高科技和 IT 產業升級的過程中，需要由第一條鏈（實體產業鏈）為第二條鏈（高科技產業價值鏈）的發展積累資金、技術力量以及市場規模。所以，對中國而言，其基本的經濟發展在相當長的一段時間裏就是要保證中國製造、中國工廠這一製造業產業鏈的完整。當然，隨着中國工業逐漸向高端提升，一部分低端的勞動密集型和資本密集型產業的轉移也勢所必然，但是中國的經濟發展水平到目前為止，尚未達到要將勞動密集產業外移的時機點。

（二）產業鏈戰的攻防戰

　　美國意圖將中國剔除出全球價值的決心意圖甚為明顯，同時也竭力削弱中國在全球產業鏈的地位，但現實卻很骨感。特朗普的最大期待，是把美國轉移到中國的產業再重新落地於本土或另覓產地，這樣便可以直接或間接地打擊中國的經濟崛起。然而，美國政府若要實現其此圖謀並非易事。最重要的是，它無法主導在中國的外國企業所做出的選擇。而後者若要將其生產線他移，必定會面臨一系列的困難。中國的產業鏈上下端完整，可自成體系。對所有立身於現有全球供應鏈的廠商來說，是否維持既有供應鏈的現狀，不僅事關如何因應美國強加關稅這一單一問題，更要面臨產業鏈轉移所帶來的其他的綜合性麻煩，涉及所移入國的勞動力資源、勞動力素質、基建能力、基本設施和交通運輸等新挑戰。除此之外，還需營造新的海外銷售網，所耗費的人力、物力、時間等各項原本無需花費的成本都會令人卻步。避險式的企業遷移可能即刻發生，但上述所列的難題卻非一朝一夕所能克服。

一般說來，被美國高額課稅而不得不挪出中國的在華企業要面臨以下的重重困難：

第一，成本。離開中國但仍存在與既原有的產業鏈上，這使得產業鏈不斷伸長，運輸、供料等所花的時間和費用大幅提高，在國際市場的競爭力勢必隨之下降。

第二，脫離原產地的“企業集群”會帶來研發、物資保障、專業交流、及時供貨等諸多方面的不便。

第三，新生產過程會因為語言文化、風俗習慣、管理慣例等各方面的變化而出現不可避免的延誤、脫節，甚至停工。這會進一步地打亂新產業鏈的塑造和完善的節奏。

以上所列各條，充分解釋了為什麼目前在華從事商貿活動的80% 以上的美國企業表示不願意將生產線外遷他國的原因。

即便如此，中國亦不可低估部分外企受貿易戰脅迫而遷移出中國對國民經濟所帶來的巨大風險。在美國的壓力下，全球產業鏈價值鏈的某種重塑在所難免，美國至少可以部分實現此目的。在此形勢下，首先，中國不應過高地估計其勞動密集型產業在全球產業鏈中的地位。近兩年中外企業外遷，已印證了在亞太地區的確存在着承接中國勞動密集型產業的可替代國家。雖然產業轉移的過程會相對漫長，且無法在短期內實現大規模地轉移，但一定規模的轉移已是不爭的事實，並且隨着時間的推移而呈逐漸加快的趨勢。比方說，中美貿易戰令越南、印度等國坐收漁翁之利。當下部分韓國、日本在華企業為避免美國對華企業加徵的賦稅而從中國轉移產能到亞太各國有逐漸擴大的傾向。這就提出了一個嚴重的問題：越南的勞動力價格雖然很低，但在東南亞並不是最低的，它的基礎設施才是更重要的因素。而恰恰是中國為越南發展出較好的基礎設施，現在成了自己編織出的陷阱。所以，中國在規劃"一帶一路"發展時，需要考慮在發展別國的基礎設施時要有節奏，用時間差來解決留住本國實體工業這一矛盾，切勿為別人築了金窩，反而把自己的鳳凰引走。其次，要加快國內的低端製造業的產業自然升級，為此要大幅增加對中小微企業特別是民營企業的支持，比如銀行貸款、出口審查便利化等。最後，大力發展服務業，特別是高端服務業，比如金融、法律、財會等各種專業的諮詢公司，盡量彌補由於低端製造業、資金密集型產業外流後所遺留下來的就業差痕。

（三）高端價值鏈的再造之戰

　　高端價值鏈的生成體現全球經濟國際化的深化。它既是優勢互補、強強分工的結果，也是業界資本積累、保持創新升級的動力。本節聚焦於半導體產業，並以華為之戰為具體討論實例來探討美國用科技戰來打擊中國在全球價值鏈的地位。

　　有如"雁陣理論"所揭示的，半導體產業鏈的組裝過程經過數次遷移，從美國到日本再到韓國以及中國台灣，最近的一次再轉到中國。而每一次遷移的過程，都是勞動密集型產業發展成資金密集型、技術密集型產業的工業革命，自然帶動了承接國科技與經濟的飛速發展，特別是本輪由中國華為等先進企業引領的高端價值鏈的塑造，帶動了整個半導體產業大幅擴展。近年來，中國半導體業不再滿足於組裝代工，而是逐漸開創出自己的高端業態。中國的戰略信息產業每年以 30% 左右的速度高速發展，繼而又推動了中國的移動互聯網技術、雲技術、區塊鏈技術、AI 技術和應用的升級換代，持續地提升了中國在全球價值鏈的位階。根據世界半導體貿易統計（WSTS）公佈的資料，由於中國發展的帶動，2018 年，全球半導體市場規模為 4687.78 億美元，同比增長 13.72%。而中國自 2013 年以來，集成電路銷售額增速保持在 20% 上下，而全球的增長率僅為 5% 左右。

中國在全球半導體鏈中持續上升的地位，反映出它在知識密集型與高附加值產業創新能力的提升，更重要的是它逐漸由價值鏈的低端向中高端躍進。在半導體鏈裏的幾個主要構成部分，集成電路製造、設計、封測和裝備材料等都明顯縮短了與技術領跑者的代差。14 納米工藝量產化應用，麒麟 990 的 7 納米加移動處理器的成功推出，中國手機、計算機等產品年產量多年來稱雄世界，其 5G 技術已領跑全球。這些成就，明顯提升了中國在國際經濟事務上的權重和影響力，也難免會引起美國的高度恐慌。因此，在美國對華的大戰略定位確立以後，針對中國半導體產業的打擊愈演愈烈，其中一個理由是"中國製造 2025"將集成電路的發展上升為國家戰略。所以，把中國在全球價值鏈中邊緣化逐漸成為特朗普對華針對性遏制戰略的一個組成部分。

　　而在邊緣化的初期，相較於整鏈轉移的成本增幅，將生產廠家遷往他國似乎是一個較為理性的選擇。因此，蘋果公司確定了一個5年的產能轉移期，計劃將15%—30%在中國大陸的產能轉往印度、越南和其他東南亞等國。韓國三星公司計劃將三個在華的手機生產廠從中國遷往印度，這涉及11萬中國工人的就業。其中，三星公司的天津廠已於2019年底結業。三星公司從中國外遷的產能達到年產1億部手機，接近印度現在1.2億產量的總量。美國正在重組一種新的半導體生產鏈，將亞洲的研發佈局設置在新加坡等中國以外的地區。台灣至2019年5月已有60餘家台企回流，其中多數是全球價值鏈上的企業，帶離資金在1000億人民幣左右。

　　所以，貿易熱戰升級到科技冷戰已勢難避免。而科技冷戰一旦開打，雙方基本上都沒有太多的妥協空間，其性質是以零和對抗為特徵的冷戰，是貿易熱戰危機惡化的體現。日本早稻田大學教授中村美惠子在NHK的節目中指出，美國也曾對日出手，貿易戰科技戰同時進行，果斷而毒辣。對盟友尚且如此，對"敵人"更不遑多讓。IT產業和高新科技是美國霸權的基礎，決定全球力量第一、第二的排座。從此中可以推算出，美國在捍衛其科技霸權時，一方面會無所不用其極，另一方面會將科技冷戰長久地打下去。

　　當然，美國對中國信息產業的圍剿並非全無代價。在特朗普的政治高壓和政府的關稅大棒下，美國的許多高科技公司不得不調整自己的生產和供應鏈，因此付出了高昂的成本。中國每年的芯片進口開支已經超過原油。彭博社的數據顯示：2018年，中國進口了價值 3000 億美元的芯片，而其中價值 2000 億的芯片由美國製造。對美國的芯片提供商而言，突然流失巨大的市場份額，其痛不言而喻。在它們當中，有許多公司高度依賴華為的訂單才得以維持高利潤，甚至生存。這其中就包括高通公司。華為每年採購高通 5000 萬套芯片，支付 60 億專利費，加上其他中國的企業，高通公司在華的銷售佔其全球年銷售總額的 59%。"殺敵一千，自損八百"的行為，解釋了為何美國商務部在 2019 年 8 月中旬決定再次推遲部分對華為的交易禁令。幾乎所有的美國芯片供貨商都發表聲明，要求不要封殺華為、中興通訊以及其他的中國高科技企業。

中美 5G 的競爭，是搶佔全球通訊業戰略制高點之戰。中國目前佔有先手，更具技術和設施的費效比之優勢。美國本土的 IT 產業都是私企，在商業運作中，基於成本考慮，大多不願投資利潤在短期無法實現的項目。無線通訊 5G 的基站設施昂貴，過去均是華為的全球服務領域，特別是在美國的農村和邊遠地區。全球的非華為以外的通訊供貨商，比如愛立信和諾基亞，目前在美國所建的基站數不足中方的 1/10。而且華為基站需使用華為的設備，技術含量高，性價比優，在可預見的未來沒有替代商。所以，美國農村和邊遠地區很可能因為特朗普的極端打壓政策而無法享用城市居民的寬帶服務。若英國和歐盟對華為實施封鎖，將在 5G 建設上多花費 62 億美元，主體工程延宕 18 個月。英財長就指出，若排除華為，僅剩愛立信和諾基亞提供 5G 設施，全球的網絡安全更加堪憂。用或不用華為，現在已成為困擾西方與美國、美國政府與美國商界的一個重大議題。一個民營公司能做到如此，堪稱奇跡。

同時，IT 生產鏈的遷移對產商來說也是一個痛苦的抉擇。蘋果公司做的評估是若向美國政府多交 20% 的中間產品稅，每部蘋果牌手機的生產成本和零售價格會上升約 60 美元，比如 Iphone 10S 和 Iphone XS。升高的成本，注定會影響蘋果公司大幅失去在中國和其他國家的市場佔有率。

（四）通力合作，厘清誤區

在中美對抗的新國際生態下，國人必須對未來如何應對西方的技術封鎖有一個清醒的認識。最基本的應對措施要包括，拉出一個精細的對美關鍵技術、零部件依賴的負面清單，然後列出自己的解決方案，在經費投入、人力培養和市場佈局等多方面提早準備。要加快自產化的比例，才可能不被卡脖子。同時，雖然內地的核心 IT 公司之間存在着激烈的競爭，但為了共同的生存和更好的發展，在一些關鍵領域的技術合作已不再是策略的選擇而是戰略的必需。比如，紫光公司對 DRAM 的大規模開發、量產會使大多數內地半導體公司受益，所以用戶的回饋和支持也至關重要。而政府也需要在宏觀指導上予以協調，輔之以政策和資金的支持。然而，在應對美國咄咄逼人的價值鏈攻勢時，無論是政策制定者還是業界的管理者，都要基於以下的現實厘清一些理念上的誤區：

第一，美國的高科技公司參與對華為的制裁不完全是被迫的，因華為的崛起會打破他們對全球高端技術的壟斷。當然，他們也會因為對華為斷貨而蒙受損失；但從長期來看，這是計算現實利潤多少和長遠全球控制的辯證關係問題。將華為剔除出全球價值鏈，當然更符合他們的戰略利益。他們目前因短期的利潤損失而呼籲白宮放過華為，不過是一種權宜之計。美國政府對華為地毯式的封鎖打開一扇窗戶，讓供貨商申請延遲斷貨，一是為了幫助供貨商完成合同，減少其收入流失，因為他們尚未準備好；二是回答中方在談判中的強烈要求，但特朗普的基本政策未變（美貿易代表辦公室表面接受供貨商的申請，但並未批准任何一項）。美國高科技大企業正在為中美價值鏈斷裂做必要的準備，脫鈎從長期看也有對他們利好的一面。中國的業界不能立足於"你中有我、我中有你"的迷思來規劃未來，若"誰也離不開誰"的理念可以成立，中興、華為之難就根本不會出現。所以，要確立"脫鈎"後仍必須繼續發展的底線思維。

第二，華為的鴻蒙新技術能否有效地取代它現在所依賴的谷歌技術，比如安卓服務等，還需要由超越安卓服務的技術指標來驗證，更有待於全球市場的接受度。任正非清醒地看到，華為生態為世界認可，需要消費者、使用者說了算。而且，生態的重新建構，不完全是技術和市場的問題，政治因素在其中發揮決定性的影響。在此過程中，國內的單一市場可否支撐，或可以支撐華為足夠長的時間使其順利完成過渡？華為的生態構建還有漫長的路要前行。

第三，特朗普一意孤行地打破了安卓系統在全球的一統地位，迫使華為放出鴻蒙作為替代。因此，中國和西方都面臨同一個戰略挑戰：這一趨勢會不會導致世界上形成兩個互相對立的生態系統？

過去華為使用谷歌，現為了生存，必須開發自己的。然而，其後果難以全然樂觀。離開了中國的生產鏈，西方仍可以維持一個完整的價值鏈，儘管失去中國市場對他們的損失極大。但中國則很難靠自身的力量維持一個在技術上可以與西方長期並駕齊驅的價值鏈。比方說，華為一年的研發經費大體上為 1200 億人民幣，並不少於谷歌。但若把西方龍頭公司的研發經費統加起來，華為的投入就顯得捉襟見肘了。所以，如任正非所言，自主創新從觀念上可取，但在全球互聯互通的背景下，從實質操作和研發上看，很難真正實施，或許是自取落後的選擇（自外於國際整體的科技進步）。無論今後全球價值鏈的生態如何演變，一條、兩條或一條半，中國必須堅持國際合作，不能單挑世界現有的產業鏈。所以，如有可能，在高科技領域中儘量不搞 G2。大家要認識到，就算構建出中國體系，其中仍有美國、西方的科技基因，比如 ARM 的 "天結構" 對華為手機的影響，仍無法完全擺脫，中國鏈不應排斥已有的西方技術。重要的是本土公司要有自己的關鍵技術。

（五）戰略對策

習近平主席在第 23 屆聖彼得堡國際經濟論壇大會上發言時表示，相信特朗普不願意看到中美關係完全割裂。"我們和美國雖然現在有一些貿易摩擦，但中國和美國現在已經是 '你中有我，我中有你'。我也很難設想中美全部割裂開。我想，那種情況不僅我不願意看到，我們的美國朋友也不會希望看到。我的朋友特朗普總統，我相信他也不願意看到。"習主席的講話表達了中國對產業鏈的重塑之戰的基本立場。中國不想打產業鏈之戰，但若不得不打的話，也會奉陪到底的。

在總體高科技技術尚無法與美國一爭高下時，中國對美國重塑世界價值鏈的攻勢要進行有理、有利、有節的響應。在最高的戰略層面，當然是建立一個自主可靠的本土價值鏈最為安全。習主席在 2012 年就對此作出重要批示："在高科技的關鍵領域裏，中國一定要發展自己的先進技術，不能被別人卡脖子。"同時，全球價值鏈在美強勢重塑下，與中國脫鈎的趨勢已現端倪，逐漸造成中國日益嚴重的損失。因此，中國所要做的是，防止與外部高科技研製過程完全斷鏈。作為相對弱方，斷鈎會使中國的高科技產業的損失更大。為防止"斷鈎"，中國應該選擇一些關鍵技術領域，用籃球競賽緊逼的戰術和美國的關鍵公司纏鬥在一起，真正做到相互依存，使"斷鈎"的代價極大化。

習近平主席遠在 2012 年就已經開始考慮全球產業鏈再造的問題。他在去澳大利亞進行訪問時，許多澳大利亞的戰略研究人員和政策制定者向習主席表達了對中國強大的擔憂。其中包括美國對此的態度：若中國崛起打破世界現有的格局，美是不能接受的，必定對此有激烈的反應。這些評論，令習主席對世界百年格局的變化進行了一次深刻的反思。也就是說，自改革開放以來，是中國向美國、向西方開放，並從中獲得了經濟發展的動力，而中國的發展反過來又為西方經濟帶來新的機會。然而，隨着中國的崛起，西方特別是美國，由過去的主動接納中國，到逐漸開始排斥中國。中美經濟互融的情況還可以延續多久，這是中國必須在戰略高度予以認真考慮的。所以，習主席對隨行的國家開發銀行行長陳元提出了這樣一個問題：如果美國開始用政治的手段阻斷中國向國際市場發展，我們應該如何響應？這是一個影響深遠、事關國本的大問題。習主席在七年前就預測到當下美國通過貿易戰的方式來卡斷中國和世界經濟鏈聯繫的企圖和做法。今日發展的事態，印證了習主席對國際事務的高度前瞻性。

　　習主席要求陳元，組織力量對美國主導的國際產業鏈進行深入的研究，特別是對美國將中國排除於現行產業鏈的可能予以全面和細緻的分析。為此，陳元組織了由國開行以及部分大學經濟學家組成的研究團隊。由劉偉教授牽頭，該團隊做了一個具有深遠意義的研究課題，即中國如何建立起以自己為核心的全球生產和價值鏈。也就是說，在不放棄既有的全球價值鏈的同時，也要塑造有一個由中國主導的、新的、平行於西方現有的產業鏈。用劉偉教授的概念予以概括，即如何在世界經濟體系裏，構建一個雙環流的產業鏈體系，保證中國的重大利益不會被以美國為首的西方國家所顛覆。"一帶一路"實際上也是應用這一新經濟概念所進行的具體操作。從今天中美貿易戰的角度看，中國雙環流預防體系的建立，是戰略上應對特朗普將中國剔除出世界產業鏈企圖的有效應對辦法。今後要做的是，如何將這一經濟概念落實到反擊美國對華貿易戰的具體實踐中去。對內，國家政策要確立以實體經濟為基，製造業為綱，高端科技引領的原則。對外，則堅持擴大開放，深化多邊合作，以全球化應對美國的"至上主義"。

技術對策：5G/AI

技術競爭不吃虧，是在戰術層面不被全球產業、供應和價值鏈邊緣化的先決條件。而其中的核心要求就是，中國在 5G、6G 以及 AI 的高端競爭中居於不敗之地。中國政府原本計劃 5G 在 2020 年出台，現應對美國對中國 5G 發展咄咄逼人的挑戰，已經提前一年開始試行。為此，5G 的應用要加速從基於生活、推動消費向產業應用、生態構建過渡。華為在 2019 年投資 300 億元開通 5G 基站 9 萬個，並在全球簽定了 42 個 5G 商業合同。5G 的核心價值在於，推動經發模式的轉換，從商業互（物）聯網到社會大生產、消費，從而推動產業鏈向高端升級。5G 技術涵蓋寬帶、高速、顯示、低延遲等，是新的基礎設施建設。有 5G 技術嵌入的應用平台，有助於各種人類活動進入智能化未來，比如遠程診療、快速識別等。在新標準下，5G 技術的成熟將迅速形成萬億級的市場價值。

而且，5G 的技術發展潛力不可估量，每隔數年便更新一代。在國際競爭日趨白熱化的背景下，聚焦 5G 已不足以讓中國保持在此領域裏的優勢。特朗普提出為 6G 提前預研，在 6G 上甩開中國。因此，中國的 6G 準備要未雨綢繆，若能在 5G 和 6G 上保持優勢，美國在科技戰上就無法實現打垮中國，將中國驅離出全球產業、供應和價值鏈的目的。AI 相較於 5G 更為關鍵，誠如任正非所揭示的：AI 是大戰略，而 5G 只是小事情。

第七章　金融戰

　　金融戰是美國對華貿易戰的重要組成部分。到目前為止，金融戰的規模和深度均在初始階段。但正如周小川在 2019 年的陸家嘴論壇所言，中美貿易戰必定會外溢到金融領域。隨着中美貿易的加深，兩國的金融鏈接亦日趨緊密，中國金融市場總價值達 43 萬億美元，有極大的體量，但對美依然是非對稱的依賴狀態。由於美元霸權是美國打壓他國的最有效的殺手鐧，金融制裁是美國對華打壓的一個性價比很高的選項，對華金融武器化實施已是順理成章的必然。而金融戰一旦開打，對中國的傷害注定是深刻的，不能不早加防範。

（一）金融戰之匯率戰

　　美國在貿易戰僵持之時，將中國列為貨幣操縱國，打響了匯率之戰，其荒謬之處無以言表。其一，特朗普違背了美國自己行之多年的操縱國三項標準，將標準進行了政治化操作。其二，七國集團曾有協議，在國際貨幣政策上要預先溝通。而美對中國的"操縱國"的認定無視這一慣例，任性而為，激起反彈。其三，國際貨幣基金組織和其他的國際金融機構也不認同美國的做法，馬上發表聲明，確認中國的匯率起伏正常。其四，美國的做法也受到歐盟國家的普遍反對。現在整個世界都擔心美國的單邊行為會打破20國集團在2008年金融危機後，不將各自貨幣競相貶值的承諾，對世界經濟大勢有百害而無一利。美國此舉勢必打擊國際投資者的信心和意願，直接加劇他們對全球經濟不確定性的擔憂；對全球貨幣政策不穩定性的擔憂；對中美經政局勢進一步惡化的擔憂。但從眼前的態勢看，一個雙邊貨幣戰，一個單一的貨幣的價值的波動應該不會立即引發全球性的金融動盪。中國還有做足準備的空間。

美國將中國列為貨幣操縱國是用金融大棒來深化貿易戰。在對大多數中國輸美貨物已額外課稅的情況下，特朗普再將中國定為貨幣操縱國已無任何實際意義，無異於"放出一條無齒之犬"。人民幣匯率的波動是美國貨幣戰的一個必然結果。中國的匯市波動動因以外部因素為主，是市場作用下的正常反應，更是中美貿易戰戰略博弈的一部分。匯率是貨幣價值的體現，在中國的經濟增長下行加快時，在其外貿順差減少，服務貿易逆差上升的壓力下，人民幣幣值被削弱合理合情，其貶值幅度與中國外貿盈餘下降呈正相關性對應變化也符合邏輯。而一國在對沖外貿出口挑戰而需要壓低匯率時，令其均衡地在一定區間向下波動，有利於矯正國際貿易戰帶來的負面影響。

　　在未來一段時間裏，中國若把這一定的區間設定在 7 元左右對 1 美元，而不是更低，是合理的選擇。在一定程度上，這是中國不想在貿易談判正在進行的過程中過於刺激美國而實施的克制。但未來人民幣貨幣價值、匯率走勢會受以下幾個因素的左右：（1）中美貿易戰整體趨勢的發展。（2）在美國總體經濟日益不明朗的背景下，美元自身價值、匯率的變化。特朗普推動美元貶值會抵消人民幣的貶值力度，中國為保出口，或許會令人民幣匯率進一步下降。多家經濟研究機構認為，至 2020 年底，如果人民幣匯率見底 7.7 元對 1 美元，國人也不必為此太過緊張，但其對內地的經濟影響要有足夠的預判。

　　2019 年 5 月 6 日，人民幣對美元的匯率在 11 年後首次再破 7 的心理防線，對中國的宏觀經濟管理影響重大。比如，匯市的不景氣，或許刺破房地產泡沫，繼而引發股市的波動。資本外流難以避免，進口成本上升將會加劇通貨膨脹的壓力，打擊消費者購物的意願，而消費疲軟又會直接造成商品積壓，工廠開工不足，進而導致 GDP 增長的下降，就業的流失，迫使宏觀貨幣政策要有一定量的量化寬鬆。人民幣對美元的匯率破七後，貨幣貶值引發股價下跌，金價上升，中國將不得不動用外匯儲備來支撐匯率，這樣又使外匯儲備的價值縮水，形成某種經濟的逆循環。周小川在 2019 年陸家嘴論壇上指出：在貿易戰的過程中，擴張性的財政貨幣政策是必要的對沖政策手段。過去因過於淺層次平鋪，不能起到對產業、市場提振的具體效果，所以最後還要利用政策導向以扶植有前途的出口產業。重要的是，要將外資利用、外貿出口、海外市場開拓更多元化。

在一定情形下，匯率戰反而為中國提供了一個可以應對貿易戰的博弈工具。在將正面負面各種因素通盤評價之後，以低匯率響應不公平的貿易課稅也是一種現實的不得已的對策。中國似乎不必在貨幣價值下行時，對它進行政治性地向上強撐。其實，匯率一旦破了某一"關鍵點"，中國可以擺脫過去"護7"的政策底線，放開手腳來運作貨幣匯率來維護自身利益。在這個過程中，央行需要在必要的人民幣貶值和防堵資金外流的二者之間找到一個有效的平衡點。應對美國無厘頭加稅，中國必須在一定程度上貶低人民幣匯值，以對沖過高的出口價格對出口競爭力的折損。但這種措施的採用要精準，防止過快的貶值造成資本外逃惡化。過去幾年，中國每年資金的流出量達到 2000 億美金，4 年累計已達到全國 GDP 的2%。如此龐大的流出量是難以為繼的。所以，在匯率自衛反擊戰中，外匯管控勢在必行。比如，中國每年 1.4 億國民出國旅遊，30萬自費留學生要自由兌換外匯，所需外匯量極大，有必要合理地設立民間換匯的上限。央行現今的外匯可兌換上限仍嫌過高，可以考慮從 5000 美元調到 3000 美元。當然，這些措施是臨時性的應急，是在中美貿易戰的背景下被迫採用的；從長期看，人民幣貨幣的貶值壓力是可控的。中國外貿出口的潛力仍然很大，以私企主導，國家扶持，幾年之後新的出口鏈即可初步建成。

總之，針對美國貨幣戰的對策要平衡，精確設計，防止採取那些雖有一時之效，但實為飲鴆止渴，將長期的危害深植於其中的措施。央行在 2019 年調整了貨幣政策，在不放棄適度緊縮的既定國策的基礎上，對去槓桿的力度進行了一定量的從緩（降準釋出 9000 億人民幣）。雖然對提振經濟基本面的作用有限，但仍會在一定的程度上緩解經濟增長的下行壓力，並有利於在貿易戰中增加新的彈藥。所以，新的寬鬆政策要用好：（1）精細定向（外貿）；（2）啟動市場（利率低，個人和企業多借多花）；（3）穩定增長率；（4）抑制失業。同時也要正視貨幣政策寬鬆和匯率政策"破 7"融合後可能帶來的綜合性負面結果：通貨膨脹壓力加大；資產投資估值縮水，投機行為（房市、股市）加劇；幣值貶低推貨幣戰加深，引發貿易戰的惡性循環。所以，量化寬鬆和匯率貶值是必要的政策工具，但它們所具有的明顯的政治性（如對美國貨幣戰的指向性）又要求對它們又須慎用，控制使用，設定限制施用範圍。在特定形式下，在目前的政策重點排序上，量化寬鬆和匯率貶值應具有比抑制通貨膨脹更大的迫切性。

　　另外，特朗普推動美國降息的結果會加劇中國響應中美貿易戰的困難。美國降息會令美元貶值，帶動人民幣進一步貶值。然而特朗普越干涉美聯儲的政策制定，美元則越會升值。在外部經濟環境不確定時，美元成為避險貨幣，引發各國競相購入，從而進一步抬高美元匯率。當然，在美國的經濟衰退時，美元自然貶值，但在未來兩年裏，美國經濟減速但未必會進入新的衰退期，也就是說，特朗普對華的貿易戰仍有一定的彈藥，對此要有足夠的心理和物質準備。當前，各重要大國儲蓄利息率均接近於零。特別是美國的債券利率倒掛，直接反映的是負面的國際經濟環境，同時也迫使中國儲蓄率向負面區間移動，不利經濟發展和民生福祉。比如，中國的人口老齡化使得很大比例的國民依賴銀行儲蓄利息維持生計，而過低的儲蓄利息對社會穩定是某種挑戰，所以銀行要用行政手段維護國內主要公有銀行的最低利息率。

（二）投資戰的雙戰線

金融戰的進一步深入很可能是投資戰，繼而引發在銀行跨境結算上的惡性博弈。投資戰可以從兩方面看，一是美國用貿易戰的方式為美資長驅直入中國內陸資本市場打開通道，二是美國謀劃將中資排除出美國的資本市場。美資入華，不受中國政府管控是美國在當前貿易戰談判中的一個主要要求。而近來美國計劃禁止中國企業在美國進行投資的報導不絕於耳。這不但可能堵住中國企業日後在美國資本市場融資的渠道，而且還涉及已經在華爾街上市的 156 家中國企業，超過 150 億美元的資產。儘管白宮予以否定，但絕非空穴來風。從長期看，無論是對內還是對外，中國的兩線作戰勢難避免。

美國逼迫中國打開金融市場大門，令其資本可以自由出入的要求在 20 世紀中美入世談判時就是一個焦點，而現在更加咄咄逼人。中國的資本市場是世界上最有利可圖的市場，所以美國的各類投資者，比如退休、保險、醫療基金入華的意願甚旺。美國在此輪貿易戰的談判中特別要求美國投資者的控股權問題。對此，中國團隊也予以正面的響應。中國政府近來再次重申了股權比例放開的承諾。但金融主權是國家主權的重要組成部分，在開放的過程中一定要嚴控主導權，特別是各類銀行的控股權。在控股權問題上，工、農、中、商、交、郵六大國有銀行在政府的支持下應該不會遭遇過大的挑戰。但中國內地還有其他 4000 餘家法人金融機構，還包括上市的、非上市的民營股份制單位，諸如資產管理、基金公司等。其中有一部分的確存在一定的風險。習主席在 2017 年的全國金融會議提出，要為金融安全建立第二道和第三道防線，即是針對中國金融產業的脆弱點發出的警示。股權比例的開放是國家進一步改革開放的主要一環，但加強比例的監管也勢在必行。在中美貿易戰正酣之時，中央須加強市場引導、行政調控的兩種手段。

更重要的是，市場加行政的兩種手段還要繼續應用於資本項目的管控上。國際金融市場是投機商的樂園。全球每天 5 萬億美元換手交易，其中 95% 的流動是在股市、房市、匯市裡的炒作，類似索羅斯這樣的 "投機大鱷" 為狙擊任何一個有弱點的國際貨幣而時刻準備着。索羅斯 2019 年 9 月對港幣的第二次襲擊雖然鎩羽而歸，但也反映出 "港亂" 的另一層面的危害性。在條件允許時開放資本項目已為各國的金融管理帶來極大的風險，遑論中國的金融體系仍充斥着許多制度和管理的漏洞。打開中國的資本項目，是美國長久的目標。依憑着巨大的財經、美元優勢，美國可以在他國的資本市場裏呼風喚雨、橫衝直撞。日本、韓國在資本項目上努力堅守多年，最後還是在美國的壓力下開放了資本市場，而其後在亞洲和世界金融危機中深受其害，教訓甚為深刻。

（三）銀行結算之威脅

美國打貿易戰還有其他的金融大殺器。對中國而言，將中國排除出國際金融運行體系即是其中的一個。儘管這本身也是對美國和國際金融體系的雙刃劍，但其負面後果是不對稱的，中國可能所受到的傷害一定更多。這一事實本身就預示着特朗普可能會在某種情形下鋌而走險，打出這張王牌。其實，美國援引其國內法，迫使用由其主導的國際金融體系對他國進行長臂管轄屢試不爽。近幾年，美國先後對數個中國銀行祭出這一武器，假借它們與伊朗和北朝鮮有交易違背了美國國內法律而對它們進行制裁。比如，崑崙銀行、丹東銀行已經被禁在環球銀行金融電信協會（SWIFT）內從事海外貿易的資金結算。有先例在案，國內外銀行家們擔心未來的某一時刻，由於美國的干預，中國的金融機構會不會無法參與在國際結算、國際清算網絡裏的經營。如此一來，他們的損傷將是異常沉重的。

從中國金融資本與國際市場的商務量的比重看，很難想象中美金融戰會惡化到這一步。即便是出現美國對中國在 SWIFT 運作體系裏全面封殺的狀況，國內銀行也可以用其他的渠道與外部的金融、貿易單位對接。比如，利用網銀這種互聯網結算的方式。中國在加入 SWIFT 之前，已經廣泛地與外部世界從事金融往來，回到

"歷史"自然痛苦，但遠不是世界的末日。現在可以想象的最壞可能是，美國對一部分中國關鍵國有銀行下手，為此相關機構要做好必要的準備。

從長期看，擺脫美國金融制裁夢魘的根本方法是構建非美國控制的國際金融的清算體系。不堪美國長臂管轄霸權的霸凌，一些歐洲主要經濟體發起了自己的支付組織，用來與伊朗進行原油貿易，日後會形成更大的規模，在更為廣泛的範圍裏從事交易。中國應該加入此機構。中國各銀行也早已對美國的長臂管轄未雨綢繆，建立了在海外的結算通道，雖然是部分的網絡，但還在穩健地發展壯大。在 2018 年裏，中國工商銀行集團的海外跨境結算共完成了 581 萬筆，其中有 44.3% 是通過它自己的結算網 —— FVA 完成的，已經逐漸接近它通過 SWIFT 的 55.7% 的完成比例。除此之外，央行還建立了 CIPS（人民幣跨境支付）系統，其全球的夥伴國已有 30 多個，參與銀行超過 800 家，雖然影響力仍較低，但第一步已然跨出，是歷史的開端。

從宏觀上看，對沖美國在全球金融體系的霸權還是要靠人民幣國際化，而其基礎則是中國整體經濟的大發展。在中國的由匯率計算的 GDP 總量與美國的並駕齊驅之後，它的總貿易量必然會同比例地在國際外匯的儲存比例上反映出來。2019 年，人民幣在世界外匯儲量中僅佔 2%，而美元的比例仍高達 60%。另外，人民幣的海外結算量在同年已達到 7 萬億，增長不慢，但在國際清算總量中也僅佔 2%，而美元的比例仍高達 80%。所以，人民幣國際化尚在褓袱階段。無論從經濟現實上看，還是從對美國的大戰略上看，中國都不宜過早地提出去美元化的政策目標。人民幣國際化的過程本身就是弱化美元的過程，這是一個相當長的過渡。在這個期間裏，國家要有完善的貨幣國際化戰略，要在政治、外交上取得重要國家對使用人民幣作為國際儲備貨幣、結算貨幣的有力支持，以及要制定適宜人民幣國際化的方針方法。其一，要規劃由外至內的路線圖，即從國際金融體系的外圍國家做起，建立起雙邊和多邊的人民幣直接結算機制，然後再向國際金融體系的核心圈滲透。其二，要讓中國各銀行的海外分行廣泛地與所在國重要銀行建立直接的外匯業務，並且也與人民幣交易掛鈎，形成緊密的相互依存的命運共同體。其三，以"一帶一路"的外延擴張為契機，通過推動人民幣投資和貨物服務交易用人民幣結算來建立中國的海外貨幣影響力和經濟區。

而今，我們如何看待中美貿易戰？特朗普在 2019 年 8 月 20 日會晤羅馬尼亞總統時表示："我們的經濟學家說，放棄中國！中國已經從我們國家身上撈錢撈了超過 25 年。但現在正是放棄的時候，無論這對我們國家好，或短期內對我們國家不好。長期來說，挑戰中國是勢在必行的，因為我國不能繼續付給中國 5000 億。"特朗普的勢在必行說揭示了他挑起中美貿易戰的基本思路，同時也印證了此貿易戰的不可避免性。放棄中國或許是一種極端的 MAD（相互確保摧毀），只有有限的實際操作空間。但特朗普的"放棄"顯然是出於政治的和戰略的初心，而非是經濟的語言。若矯正所謂的 5000 億美元的 "損失"，一定要有經貿的解決方案，而 "放棄" 則完全不成比例，傷人傷己。然而，若從地緣政治的正確性的角度看（維護美國全球霸主地位的動機），儘管他的手段瘋狂，但目標和方向則甚為清晰。

特朗普 25 年的提法，令筆者回想起 25 年前出席一個國際會議的經歷。會議的主辦者倫敦國際戰略研究院的西格爾教授的主題發言將中國和西方的關係定調為戰略衝突。對此他提出西方必須抑制中國的崛起，哪怕犧牲香港和台灣。在這裏他的具體意思是發動香港的民主運動，使其成為反大陸的前哨基地；鼓勵台灣獨立，引發兩岸內戰。如此一來，中國的和平崛起就可能半途而廢。然而在其後的 25 年裏，西格爾對中西方長期抗衡的戰略定位雖為美國以及他的多數盟友所認同，但他所提出的制衡建議卻並未被包括美國在內的西方國家所採用。其中一個重要原因就是若如此與中國惡性對抗，西方必然要為此付出極大的經濟代價，所以被視為非理性的。

西方在四分之一的世紀裏並未選擇的對華政策如今卻為特朗普所實施：先由貿易戰開打，香港暴亂跟進，兩岸關係被引入高危區，後續還會有更多針對北京的挑戰。特朗普為什麼非要在此刻迫不及待地打開貿易戰的潘多拉魔盒呢？顯然這不是一個可以在經貿層面能夠回答的問題。貿易戰若在交易夥伴間進行，打的是利益再分配；但若在敵手間展開，則除了在利益上要將對方吃乾抹淨之外，更要在國本上制其於死地。敵手相爭能否雙贏並不重要，而是看誰傷得更甚，這是另外一種理性，地緣戰略的零和理性。美對華的貿易戰顯然打的是後者。在美國國家安全報告和國家國防報告將中國列為戰略競爭對手後，華盛頓推出一系列指向性強烈的遏制招數來對付中國。貿易戰是其手段之一。若想打掉中國的貿易順差，一般性地對相關產業實施懲罰性加稅，祭出 301 條款即可。但此輪的貿易戰採用 MAD（相互確保摧毀）手法對敵手全面懲罰。它的實質是在"公平貿易"的旗幟下，對中國發動的一場範圍廣泛、影響深遠的政經絞殺戰，不能用經濟理性來詮釋。

然而，如此就可以置中國於死地嗎？答案不言而喻。然而，需要指出的是，美國發動這場政治化的貿易戰是經過深思熟慮的。中國在經貿上對美國的非對稱依賴，包括關鍵技術，大額貿易順差和較容易的市場准入，是特朗普祭出對華貿易懲罰的原動力。持續的貿易戰篤定會對中國現時和長遠的發展帶來嚴重的後果，所以必須予以認真地研究，冷靜地因應，將其負面的影響最小化。

第四篇

中美貿易戰升級對澳門的影響

　　澳門同時具有中華人民共和國特別行政區的政治屬性和自由貿易港的經濟屬性，這雙重屬性決定了其不可避免地成為被外部負效應波及地區之一。

　　本部分將重點剖析中美貿易戰對澳門經濟社會可能產生的正面和負面影響，提出應對影響的合理政策建議，為制定澳門經濟發展戰略、優化調整產業結構、提高經濟社會可持續發展能力提供有益參考。

第八章　當前澳門整體經濟形勢

澳門自 1999 年回歸以來，尤其是 2012 年開放博彩業以來，憑藉着博彩業的迅速擴張，以成為全世界最大的博彩中心。作為一個微小型的開放經濟體，澳門近年來在宏觀經濟方面表現良好，在持續的經濟擴張中積累了大量的財政和外匯儲備，以及零公共債務。

（一）總體經濟概況

自回歸以來，澳門經濟一改頹勢，呈現欣欣向榮的經濟發展活力。本地生產總值由 1999 年的 473 億澳門元增長到 2018 年的 4403 億澳門元，二十年間上漲了接近十倍。

細分來看，澳門經濟曾在 2014—2016 年間經歷了短暫的下滑，博彩和旅遊業收入均出現負增長。自 2016 年中期開始，澳門經濟重振旗鼓，開始了新一輪擴張，澳門博彩業和旅遊業收入恢復了強勁的增長勢頭，到 2018 年底，澳門本地生產總值 4042 億澳門元，實質增長 9.1%，人均本地生產總值 62.3 萬澳門元，實質增長

8.6%，結束連續三年收縮。

2018 年，澳門經濟出現新的一輪增長下滑。可以說自中美貿易衝突後，受到中國內地持續的去槓桿化措施和中美貿易戰局勢的日益緊張，澳門投資力度降低，中國內地經濟形勢變化導致賭場貴賓廳業務的外部需求減少，導致 2018 年的經濟增長率下降為 4.7%（2017 年同期為 9.7%）。2019 年上半年，澳門總體經濟出現按年收縮，上半年本地生產總值為 2149.2 億澳門元，實質收縮 2.5%。但是，2019 年 4 月國際貨幣基金組織發佈的《世界經濟展望》報告顯示，2019 年澳門預計的經濟增長為 4.3%，較 2018 年 10 月時的預測下調了 2%；而 2020 年的增長預測為 4.2%，較 2018 年 10 月時的預測下調了 1.6%。根據該報告最新預測，澳門的經濟增長遠高於所屬組別"亞洲發達經濟體"的預測增長 1.7% 的水平，並且是該組別中預測增長率最高的經濟體。[1]

從就業市場來看，澳門基本保持穩健態勢。2018 年澳門就業情況理想，總體失業率為 1.8%，當地居民失業率為 2.4%，按年分別下跌 0.2 及 0.3 個百分點；總體就業人口月工作收入中位數為 16000 澳門元，當地就業居民為 20000 澳門元，按年均增加 1000 澳門元[2]。2019 年，澳門失業率再次下降，在第二季度失業率低至 1.7%，總體就業人口每月工作收入中位數為 16300 澳門元，同比上

1　IMF, 2019 Article IV Consultation Discussions, Macao SAR.

2　http://www.xinhuanet.com/2019-01/28/c_1124054991.htm.

升 1.9%。同期低通貨膨脹率保持在溫和水平，2019 年上半年綜合消費物價指數按年上升 2.8%。[1]

就公共財政狀況來看，澳門特區基本維持穩健態勢。2019 年上半年，財政收入為 663 億澳門元，同比上升 2.6%；財政開支為 355.3 億澳門元，同比上升 5%。2019 年 6 月底，財政儲備初步估算為 5693 億澳門元，同比增長 10.9%；其中，基本儲備為 1489 億澳門元，超額儲備為 4204 億澳門元。[2]

整體來看，澳門政府在經濟擴張時期，採取了審慎的宏觀經濟政策，積累了大量的財政和外匯資產（2017 年分別為 GDP 的 121% 和 40%），在外部大環境波動中依然可以維持相對穩定的經濟發展，且也為澳門特區抵禦經濟衝擊提供了有力緩衝。

（二）經濟適度多元化發展

澳門博彩業的迅猛發展，為澳門經濟和社會的繁榮提供了強力的經濟支撐，卻也為澳門長期的、均衡的、全面的發展埋下了隱患。博彩業自身的高利潤對人才和資金形成磁吸效應，不斷提高澳門本地的土地和人力成本，對其他產業產生嚴重的"擠出效應"，形成博彩業"一家獨大"的局面，也造成澳門日益突出的社會民生問題。同時，單一產業通常風險抵禦性較差，一旦澳門博彩業這一

1　https://www.economia.gov.mo/public/data/ei/aame/attach/4fcd3e0eec92aa2e0b31aada9d62d0
dc/tc/macau_economy_intro_tc.pdf.

2　數據來源：澳門統計暨普查局。

單一支柱型產業出現問題，必將給澳門經濟社會造成重創。

　　為了降低單一產業帶來的潛在風險，推動澳門未來產業結構的良性發展，澳門特區政府早在 2001 年就提出 "以旅遊博彩業為龍頭、以服務業為主體，帶動其他行業協調發展" 的發展思路。中央政府也連續出台了一系列指導性規劃文件。2006 年，《國民經濟和社會發展 "十一五" 規劃綱要》首次明確表述 "支持澳門發展旅遊等服務業，促進澳門經濟適度多元發展"[1]。2011 年，《國民經濟和社會發展 "十二五" 規劃綱要》則進一步提出，"支持港澳培育新興產業，支持澳門推動經濟適度多元化，加快發展休閒旅遊、會展商務、中醫藥、教育服務、文化創意等產業"。[2]2016 年，《國民經濟和社會發展 "十三五" 規劃綱要》對如何支持港澳地區提升自身經濟競爭力問題，"提出支持澳門建設世界旅遊休閒中心、中國與葡語國家商貿合作服務平台，積極發展會展商貿等產業，促進經濟適度多元可持續發展"。[3]在中央政府的支持下，澳門特區政府於 2016 年 9 月正式發佈首份《澳門特別行政區五年發展規劃（2016—2020 年）》，為澳門特區發展做了短、中、長期的戰略部署。其中，"發展" 篇章中，提出了特區政府力求促進博彩業與非博彩業協同發展，不追求博彩業外延規模擴大，並充分利用現有的大型博彩旅遊建築群，推進非博彩元素增長，鼓勵融入更多休閒、舒適、

1　http://ghs.ndrc.gov.cn/zttp/ghjd/quanwen/.

2　http://www.gov.cn/2011lh/content_1825838.htm.

3　http://www.ndrc.gov.cn/gzdt/201603/P020160318576353824805.pdf.

康體、商貿、會展、多元文化體驗等服務形態,提高產品質量和服務質量。同時,該報告也提出了澳門特區推動經濟適度多元的另一方面,就是優先培育新興產業如會展、中醫藥、文化創意產業[1]。至此,澳門特區政府希望通過政策傾斜、資助措施、協助業界開發人力資源和提高經營管理水平等多種渠道,構建適合澳門發展的新興產業,並推動新興產業與傳統產業的高度緊密結合,以構建更全面、廣大的產業鏈。

近年來,在中央政府和澳門政府的共同努力下,澳門特區將自身發展與區域發展緊密聯繫起來,根據特區經濟特色,積極調整產業結構,促進適度多元發展,並已取得了一定的成績。

其一,旅遊娛樂業、酒店業、會展業繼續保持增長。近年來,得益於中國內地地區自由行的進一步開放、粵港澳大灣區建設等諸多因素,澳門特區入境旅客人數保持持續增長狀態,遊客人均消費及總消費亦不斷增長。2018 年,澳門入境旅遊超過 3580 萬人次,同比上升 9.8%,創歷史新高。其中,粵港澳大灣區開通之後的 10—12 月三個月間,入境澳門的不過夜遊客大幅增加了 13.2%、26.0% 和 28.9%[2]。2019 年上半年,澳門入境遊客總數為 2028.5 萬人次,同比增加 20.6%; 來自中國內地的旅客增加 22.3% 至 1431.4 萬人次,佔總體旅客數量的 70.6%;個人遊旅客同比上升 18.3%;而

---

1 https://www.cccmtl.gov.mo/files/plano_quinquenal_cn.pdf.

2 http://www.xinhuanet.com/travel/2019-01/24/c_1124033639.htm.

來自香港的旅客增加 23.2% 至 369.5 萬人次，佔總體旅客數量的 18.2%。但受經濟環境的影響，遊客入境消費略微下降。2019 年上半年入境旅客總消費為 326.3 億澳門元，同比減少 0.8%；2019 年第二季度旅客人均消費為 1583 澳門元，同比減少 20.7%。

在旅遊事業蓬勃發展中，酒店業也逐步穩定建設。截至 2019 年 6 月，全澳共有 83 家酒店，可提供 3.8 萬間客房，其中五星級酒店 36 家，可提供 2.5 萬間客房。2018 年全年留宿旅客達 1840 萬人次，同比上升 7.2%，連續三年超過不過夜旅客。酒店場所住客人數達 1400 萬人次，平均入住率超過 90%[1]。2019 年，酒店業入住率穩中有升，為 91.1%，同比上升 1.1 個百分點，平均留宿時間為 1.5 晚。其中，五星級酒店的入住率為 92.4%，住客為 383.8 萬人次，平均留宿時間為 1.7 晚。

會展業也是澳門多元產業轉型的發展重點。目前，澳門會議展覽籌辦服務業發展建設較為迅猛，其場所數目已從 2014 年的 61 家升至 2017 年的 98 家，收益亦從 2014 年的 275269 澳門元升至 2017 年的 404763 澳門元，實現了 3 年翻番的增長態勢。在 2015—2017 年間，澳門會展活動共累計服務 538501 人次。

旅遊娛樂業、酒店業、會展業等的蓬勃發展，導致了博彩企業非博彩收入（包括客房、餐飲、零售、場地租賃、娛樂項目等）不斷增加。截至 2017 年底，由 252.64 億澳門元增至 306.74 億澳門

1　http://www.xinhuanet.com/travel/2019-01/24/c_1124033639.htm.

元，博企帶動下的總非博彩收益從 569.7 億澳門元（截至 2014 年底）增至 693.4 億澳門元。

其二，金融保險業保持穩定態勢。澳門特區政府在《2016 年財政年度施政報告》中，首次提出要結合澳門的"一國兩制"等優勢，在澳門發展特色金融產業，推動澳門經濟適度多元。隨着整體經濟的快速發展，金融業已經成為澳門經濟結構中僅次於博彩旅遊業、地產建築業的第三大經濟支柱產業。近年來，澳門主打特色金融業，突出特色優勢，定位特色行業，服務特色區域，以形成一條與香港、上海、深圳等國際金融中心錯位發展的特色金融道路。

目前，澳門共有 30 家銀行，其中 12 家為本地註冊（包括郵政儲金局），18 家為外地註冊。此外，尚有一家金融公司從事有限制之銀行業務、兩家融資租賃公司及一家從事發行及管理電子貨幣儲值卡業務的其他信用機構 [1]。截至 2018 年 12 月底，澳門銀行對外業務主要分佈在亞洲及歐洲。2019 年上半年，澳門銀行業盈利為 77.9 澳門元，同比下降 6.5%。人民幣業務方面，人民幣存款總額為 444.7 億，同比增長 4.0%；跨境貿易人民幣結算總額為 183.7 億，同比增長 21.9%。

截至 2017 年 12 月底，澳門保險業共有 24 家保險公司，其中 11 家為人壽保險公司，其餘 13 家為非人壽保險公司；據原屬地區分，9 家為本地公司，其餘 15 家為外資保險公司之分公司，分別

1　澳門金融管理局簡介。

代表 4 個國家及中國香港特別行政區[1]。2019 年上半年，保險業毛保費總收入為 144 億澳門幣，上升 43.7%。其中，人壽保險業務毛保費收入 129.3 億澳門元，非人壽保險業務毛保費收入為 14.7 億澳門元，同比上升分別為 49.2% 和 8.7%。

其三，文化產業方面。為配合澳門發展適度多元經濟，澳門特區政府於 2010 年正式成立文化產業委員會，專項協助政府做好澳門文化產業的發展和區域合作，並逐步形成 "創意設計"、"文化展演"、"藝術收藏" 及 "數碼媒體" 四大領域在內的文化產業。截至 2017 年底，澳門本地文化產業相關機構數目已增加至 2088 家，總就業人數 11702 人，共創造 2379.2 萬澳門元收益。同時，澳門特區政府成立文化產業基金，專項支持相關產業項目，幫助成立、發展和推廣澳門品牌。

其四，中醫藥產業獲得一定發展。澳門依託於澳門大學、澳門科技大學、澳門理工學院等高校的中醫藥研究機構，着力培育中醫藥產業，並作為促進經濟適度多元的重點領域。截至 2017 年底，中藥製造業場所由 5 間（截至 2014 年底）增加至 8 間。中醫服務場所總數增加至 323 間，每年求診人次近 140 萬人次。[2] 與此同時，2011 年，澳門特區政府與世界衛生組織簽署合作計劃，為各國中醫藥專業人士提供培訓，且在 2015 年成立 "世界衛生組織傳統醫

1　澳門金融管理局簡介。

2　數據來源：澳門統計暨普查局。

藥合作中心"。迄今為止,澳門已成功舉辦多次國際性中醫藥學術交流會議和活動,例如"中國(澳門)傳統醫藥國際論壇"等,實現了澳門中醫藥的跨越式進步。

(三)澳門的經濟評估和潛在風險

美國傳統基金會(Heritage Foundation)自 1995 年開始,至 2019 年連續 25 年發佈"全球經濟自由度指數"(Index of Economic Freedom)[1]。其中,澳門被連續十一年評價為"較自由"經濟體。澳門在"全球經濟自由度指數"排名中排名較為理想,財政健康和貿易、投資自由狀況維持良好水平,並獲得積極評價。

根據 2019 年"全球經濟自由度指數"報告,澳門總體經濟自由度評分為 71,相較於 2018 年略微提升 0.1 分,在全球 180 個經濟體中排名第 34 位。在亞太地區的 43 個經濟體中排名第 9,僅次於香港、新加坡、新西蘭、澳大利亞、台灣、馬來西亞、韓國及日本。在共計 12 項的評估指標中,澳門共有 4 項取得 80 分以上的評級,包括"政府支出"(90.4)、"財政健康"(100)、"貿易自由"

---

1 報告以 4 大領域(法規制度、政府規模、監管效率及市場開放)、12 項指標(財產權、司法效能、廉能政府、租稅負擔、政府支出、財政健全、營商自由、勞動自由、貨幣自由、貿易自由、投資自由及金融自由),並參考 World Bank、WEF、IMF、OECD 等相關報告,對全球 180 個經濟體進行評比。報告指針評比分 5 個等級,分別為"自由"(100 至 80 分)、"較自由"(Mostly Free)(79.9 至 70 分)、"中等自由"(Moderately Free)(69.9 至 60 分)、"較不自由"(Mostly Unfree)(59.9 至 50)及"受壓抑"(Repressed)(49.9 至 0 分)。

（90）及 "投資自由"（85），顯示澳門經濟在上述方面表現卓越。十二項指標中，澳門在 "政府誠信" 項目獲分最低，為 33.2 分，"勞動自由"、"營商自由" 兩項指標只分別獲得 50 分和 60 分[1]。

對澳門地區經濟發展狀況另一重要的評估報告，來自於國際貨幣基金組織。2019 年 4 月，國際貨幣基金組織執董會結束了與澳門特別行政區的第四條磋商，並於 2019 年 5 月 10 日發佈了代表團人員報告。基金組織代表團認為，澳門特別行政區宏觀經濟表現良好，人均收入位居世界前列，經濟增長風險趨於下行。

展望澳門經濟，國際貨幣基金組織認為，澳門博彩業在中國獨樹一幟；同時，澳門博彩業和旅遊業發展以及經濟適度多元發展工作取得持續進展，金融部門保持健康發展勢頭，流動性良好，資產質量優良。澳門經濟被認為在今後若干年內會實現繼續增長，且應當堅持中期經濟增長韌性計劃，從三個多元化發展目標做持續推動：（1）從高端貴賓廳博彩邁向中場博彩；（2）從博彩旅遊邁向非博彩旅遊；（3）促進金融部門的增長。與此同時，該報告也明確認可澳門當前的平衡預算規則和綜合的中期、長期財政框架，認為此種框架將有助於提高財政儲備的使用效率，確保優先支出支持多元化議程並促進包容性，並有助於確保老齡化社會中的長期財政可持續性和代際公平。

但從中短期來看，澳門經濟依然面臨一定的風險和不確定性。

1　Heritage Foundation, Index of Economic Freedom 2019.

澳門屬於小型開放型經濟體，將持續面臨來自全球金融環境變化和中國內地經濟發展和相關政策的風險。一是中國內地經濟增速放緩，增長速度低於預期，也將對澳門經濟的增長產生不利影響，主要表現為博彩收入受到衝擊，投資減少及金融業務規模縮減等。二是中美貿易摩擦持續擴大，將影響銀行部門金融業務及與全球貿易相關的投資，美資賭場經營者可能會削減投資，而人民幣境外購買力因匯率變動而相對下降，將可能導致內地赴澳門旅遊人數及平均消費受到影響。美聯儲意外加息，全球金融環境急劇收緊，鑒於澳元與美元的間接匯率聯繫，澳元相對於人民幣可能升值，澳門作為旅遊目的地的吸引力可能受到影響。三是博彩經營牌照即將到期，短期內投資預計將會持續呈現疲軟狀態，但在中期內會有所改善。四是隨着亞洲周邊地區新興博彩中心的不斷增加和持續發展，澳門博彩業面臨空前的競爭壓力，內地遊客可能會被其他博彩中心吸引，從而進一步影響澳門的旅遊業發展。五是受到內外多種因素的影響，博彩業增速放緩，將直接導致特區政府稅收收入減少，而人口老齡化問題等社會壓力將持續增加社會支出。預計中期內，澳門將持續保持財政盈餘，但盈餘的規模將會相應縮小。此外，私人和公共儲蓄預計會因博彩收入增長放緩而減少，但經常賬戶預計將持續保持順差，私人和公共部門將進一步累積國外資產。[1]

1　IMF, Staff Report for the 2019 Article IV Consultation Discussions, Macao SAR.

第九章　澳門當前經濟結構存在的問題

（一）經濟結構過度單一，博彩業 "一業獨大"

　　澳門回歸以來，經濟和社會發展取得令人矚目的成績。特別是自 2002 年開放度賭權及 2003 年中央開放港澳地區 "自由行" 之後，澳門博彩業迎來了跨越式發展，並持續帶動經濟高速成長。澳門 GDP 由 1999 年的 493.87 億澳門元快速升至 2018 年的 4403 億澳門元，19 年來增長約 8.9 倍，而人均 GDP 由 1.47 萬美元增加至 8.26 萬美元，增長近 5.6 倍。然而，澳門經濟快速騰飛的背後，經濟結構方面存在的深層次問題也日益凸顯。

　　從歷史數據看，澳門回歸以來經歷了製造業的快速萎縮和博彩業的不斷擴大。1998 年，澳門製造業的從業人員 4.14 萬人，約佔當年度 18.07 萬總就業人口的 22.9%。到 2017 年，製造業人口佔總就業人口比例下降至 2%。而博彩業 1998 年直接就業人數為 1.96 萬人，直接相關的酒店和餐飲業就業人數約 2.26 萬人，合計約佔當年總就業人口的 23.4%，而這一比例到 2017 年升至 45.6%。顯示澳門已經成為產業高度單一化的城市。博彩業"一業獨大",導致經濟結構過度單一,澳門經濟對外嚴重依賴,一旦宏觀經濟和政策出現波動,澳門的整體經濟和商業活動都會受到嚴重十擾。此外,博彩業獨大還會派生出各類社會問題,對於澳門勞動人口素質、社會治安、中小型企業發展等產生不利影響。[1]

(二)經濟適度多元發展成效不夠理想

澳門特區政府在《澳門特別行政區五年發展規劃(2016—2020年)》中特別提出,要持續推動經濟適度多元發展。具體舉措包括促進博彩業與非博彩業協同發展,形成旅遊休閒大業態,建設宜遊宜樂城市,培育新興產業發展,加大力度扶持中小企業和落實設立澳門特區投資發展基金等。

澳門經濟適度多元化發展取得了一些階段性進展,在博彩業帶動下,非旅遊休閒產業取得了一定進展,圍繞"一平台"建設,會展業也獲得一定發展。根據《2017澳門經濟適度多元發展統計指標體系》,澳門該年度非博彩業務收益佔博企總收益的10.36%,而會展、中醫藥產業、文化創意產業也有一定發展,2018年前3季度舉辦會展活動共966項,當中包括913項會議、38項展覽及15項獎勵活動;與會者/入場觀眾人數達138.5萬人次。頭3季度,會議按年減少18項,與會者則增加37%。頭3季度,展覽增加5

---

1 呂開顏:《經濟起飛,澳門"多元化的進行式"》,《澳門月刊》。

項，入場觀眾增加 9.5%。截至 2018 年底，特區政府合共向粵澳中醫藥科技產業園注資人民幣 57 億元，累計有 111 家企業進駐，當中 27 家為本地企業，新培育的中醫藥企業有 11 家，屬於澳門傳統中醫藥企業投資新設立的企業有 10 家。文化產業也創造了大量就業機會，目前整個行業員工增加 6.4% 至 11702 名。文化產業的服務收益按年上升 4.8% 至 70.8 億元，對經濟貢獻的增加值總額為 23.8 億元，上升 6.9%。[1]

但總體而言，澳門經濟適度多元發展的總體狀況仍不夠理想。博彩業 "一業獨大"，嚴重擠壓了其他行業，特別是其中中小型企業的發展空間，令澳門在博彩業之外缺少優勢產業。截至 2017 年，博彩業在澳門本地生產總值的比重上升至 49.1%，博彩稅收佔澳門財政收入的 80%，可見澳門整體經濟對博彩業依賴的情況相當嚴重。雖然特區政府重點扶持的會展業、文化創意產業和中醫藥產業有所發展，就業人數和企業數量都有增加，但仍屬於起步階段，無法為澳門多元化的產業結構提供有力支撐。

此外，澳門的經濟多元化受到租金成本高昂、人力資源短缺等因素制約，規模難以擴大。澳門的博彩業在長期蓬勃發展，帶動經濟發展同時，社會資本大量流入博彩相關行業，同時也不斷抬高了澳門的地價、樓價、租金和用工成本，帶動通貨膨脹，使澳門中小型企業經營成本不斷上漲，壓縮其發展空間。目前在澳門註冊的中

---

1 數據來源：澳門統計暨普查局。

小型企業有約 6 萬家，普遍特徵為規模小、競爭力弱、抗風險能力差。這些企業分屬於各行業，如果未來發展處境持續艱難，將影響澳門適度多元發展，成為未來經濟發展中的薄弱環節。

另外，隨着澳門博彩和旅遊業的規模持續擴大，人力資源短缺問題開始凸顯。當前澳門勞動人口素質整體偏低，人才結構傾斜，專業人才存在缺口，將嚴重制約澳門經濟發展和社會進步，未來亦會影響澳門產業結構升級轉型，成為影響澳門經濟適度多元發展的短板。[1]

（三）在國家戰略和區域融合發展中的參與仍顯不足

依據中央"十三五"規劃及澳門的《五年發展規劃》政策方向，對接"一帶一路"是關係到當前澳門經濟和社會發展重要的課題。打造"中國與葡語國家商貿合作服務平台"和建設"世界旅遊休閒中心"是中央在"一帶一路"倡議的框架下，對澳門的規劃和期許，也是澳門在大灣區建設中的定位。

但是當前澳門在"一平台"建設方面仍存在瓶頸，在國家"一帶一路"戰略中的重要性和參與程度仍顯不足。當前澳門中葡金融平台影響力有限：澳門自身經濟結構較為單一，難以有效支撐平台作用發揮。在國際交流中，與葡萄牙和巴西聯繫較多，與其他六個葡語國家交流較少。澳門社會缺乏通用葡語環境，葡語普及率仍有

1　陳觀生：《澳門參與大灣區　人才不足是短板》，《新華澳報》。

提升空間。缺乏科學高效的工作機制，各方制度仍需磨合。政府和民間金融機構缺乏健全的協調機制，澳門銀行服務體系未達國際先進水平，中葡貿易人民幣結算平台仍有推廣和發展空間。中國與葡語國家的金融合作具有政策和商業上的潛在風險。中國和葡語國家在發展水平、經濟規模、經濟周期以及政治體制方面存在重大差別，在法律制度、監管、稅收等方面也存在差別，葡語國家宏觀經濟穩定性普遍較低，通貨膨脹率、政府財政赤字、國際收支赤字居高不下，匯率波動劇烈，頻頻爆發貨幣金融危機，增加了與這些國家經貿往來的企業的商業風險。

此外，澳門在與大灣區城市合作過程中，參與程度不足，合作機制仍有完善空間。當前粵港澳大灣區建設分工逐漸明確，澳門將主要致力於建設"世界旅遊休閒中心"，與香港的"國際金融中心"、深圳的"科技創新中心"和廣州的"人才集聚中心"一起，共同服務於國家總體戰略，共享大灣區建設紅利。在實踐過程中，粵港澳大灣區的發展，需要打破城市間的空間限制，更要打破體制桎梏，避免行政區域帶來的限制，促進各種生產要素流通、人才流動，開展區域分工合作，形成優勢互補、經濟社會同步協調發展的跨區域發展新格局。粵港澳三地推進協調發展，就必須明確各自的比較優勢，優化現有的產業分工，共同擴大市場。澳門作為典型的小型城市經濟體，產業發展空間十分有限。粵港澳大灣區城市群建設將有效擴大澳門發展空間，延伸其城市功能。澳門應抓住這次發展機遇，除了繼續為區域融合提供休閒式服務外，更要發揮"精準聯絡人"角色，以免落入被規劃的尷尬局面。[1]大灣區建設可為拓展澳門發展空間、促進澳門經濟適度多元發展等提供新的機遇和發展平台。

　　但是在實踐過程中，澳門在參與粵港澳大灣區建設中面臨眾多挑戰，並未能充分利用發展機遇推動自身經濟結構升級和發展。例如，由於在規劃過程中澳門政府缺少參與，在橫琴的粵澳合作產業園等合作項目中缺少參與權和管理權，橫琴的產業規劃無法做到與澳門優勢互補、錯位發展，反而形成了正面競爭關係。澳門與大灣區城市合作缺乏常設性且有效率的合作機制，部門之間的對接協調存在困難，資金流動靈活性存在問題等。這些區域經濟合作中的制約因素未能排除，影響了澳門參與大灣區建設，也干擾了澳門經濟適度多元發展。

（四）行政和司法體系存在完善空間

　　美國傳統基金會在 2019 年全球經濟自由度指數報告中提到，澳門蓬勃發展的博彩業正受到不少挑戰，例如清洗黑錢的風險、經濟多元化的需要及減少對博彩收入的依賴。雖然澳門的私有財產權已十分完善，但有兩成的土地欠缺明確的所有權。在"一國兩制"框架下，澳門擁有獨立的司法系統及終審權，但是近年澳門經濟體量急速擴張，司法機關的人手不足，影響了澳門的司法效率。

1　博言：《推動大灣區發展有助本澳實現經濟適度多元發展》，《新華澳報》。

另外，近年針對貪腐、任人唯親等的抗議行動亦有所增加。澳門在政府廉潔程度項目中得分下降至 33.2 分，低於中國內地的 49.1 分和香港的 83.8 分。顯示出澳門政府在行政和司法體系建設中的不足，並可能成為影響澳門吸納投資和未來經濟發展的不利因素，值得認真檢討並改善。[1]

（五）其他影響澳門經濟發展的因素

2014 年，國際貨幣基金組織總結澳門第四條款磋商後，澳門金融管理局、財政局及法務局成立調研小組，並參考了國際組織的研究報告及過百個公有基金的實際運作情況，提出動用財政儲備設立 "基金管理公司" 的建議方案。澳門政府亦於 "五年規劃" 中提出，要在 2019 年設立澳門特區投資發展基金，並推動其運作逐步上軌道。並以此落實特區財政儲備投資多元化的長遠部署，爭取獲得一定回報，並配合國家增強與葡語國家間的經貿金融合作，以及深化粵澳合作。但是，澳門社會對於動用財政儲備資金設立 "基金管理公司" 的做法存在異議，特區政府決定撤回《修改 2019 年度財政預算》法案，即撤回於本年內透過修改二〇一九年財政年度財政預算的方式、調撥財政儲備中的超額儲備的六百億澳門元作為設立澳門投資發展基金管理股份有限公司資本的法案，並設立公開諮

1　Heritage Foundation，Index of Economic Freedom 2019.

詢程序。[1]

　　政府合理利用財政儲備資金，透過合理方式開展投資，增加儲備，對於優化澳門經濟結構，提升澳門居民生活水平具有積極影響。但目前暫停推動的情形，也顯示出該基金的運作方式、監督機制可能存在不足，無法獲得澳門社會廣泛信任。特區投資發展基金延後成立的安排，將在一定程度上影響其對近期澳門的經濟多元化發展帶來積極影響的可能性。

1　澳門特區政府網站，澳門金融管理局將就設立澳門投資發展基金管理股份有限公司進行公開諮詢。

第十章　中美貿易戰下澳門的危機

　　中美貿易戰不可避免地會波及澳門，這是澳門的微小經濟體、自由貿易區和"一國兩制"下特殊情況所共同導致的。作為中國的特別行政區，澳門的小型開放經濟對內地依賴性較高，極易受到內地經濟、金融和政策變化的影響[1]，同時政治體制和在國際上的特殊地位，導致其對國際形勢變動異常敏感。如果中美關係持續惡化，這不可避免地會對澳門出口業、商貿業、博彩旅遊業等多方面造成一定程度的衝擊，並將在未來一段時期內產生持續的負面影響，導致本地經濟增長放緩。且中國任何可能削弱遊客境外消費能力的政策，中美貿易摩擦中兩國可能採取的措施，都將成為影響澳門經濟前景的主要風險。[2] 從中短期來看，中美貿易戰對澳門發展的影響如下：

1　中華人民共和國 — 澳門特別行政區：2019 年第四條磋商代表團工作人員總結聲明。

2　IMF, 2019, IMF Concludes 2019 Article IV Consultation with Macao SAR.

（一）經濟環境波動對博彩旅遊業的影響

受中美貿易摩擦影響，中國 2019 年第二季度 GDP 增速下滑至按年增長 6.2%，較 2019 年首季 6.4% 的 GDP 增幅放緩 0.2 個百分點，也是 1992 年有數據統計以來的最低水平[1]。由於中美貿易戰暫無放緩之跡象，加之與全球貿易緊張局勢有關的不確定性依然很高，國際貨幣基金組織（IMF）預計中國 2019 年和 2020 年的經濟增長率可能分別會下降到 6.2% 和 6.0%（新冠肺炎疫情爆發之前預測）。世界整體經濟環境的波動，尤其是中國內地經濟總量增速放緩，會在一定程度上影響外資在澳門的投資。尤其是這兩年，澳門特區來自大陸的企業財團的投資相應減少，商貿收入下降，加之外商直接投資趨於減少，從而造成澳門經濟總量的下降。根據 IMF 發佈的調研報告預計，2019 年澳門 GDP 增速較近年放緩，約為 5.3%，並在中期維持約 5% 的穩定增長（新冠肺炎疫情爆發之前預測）。

另一方面，中國內地經濟總量增速放緩意味着個人可支配收入的增速放緩，消費需求萎縮，消費者信心指數維持較低水平。[2] 經濟增速放緩，不僅將導致內地赴澳旅遊意願減弱、人數減少，還會導致內地赴澳的旅客消費觀念趨於保守，消費能力趨於弱化，消費總量趨於下降，造成澳門博彩旅遊業收入下滑，進而影響澳門財政總

1　數據來源：中國國家統計局。

2　柳志毅：澳門經濟論壇 2018 主題發言（摘要），澳門經濟形勢前瞻 2019。

收入。

就博彩業行業自身發展來說。博彩業作為澳門主導產業，其產值佔本地生產總值近半（49.1%）[1]，博彩稅收更是佔澳門總財政稅收近八成 [2]。雖然受益於港珠澳大橋開通、澳門機場航線增加以及內地赴澳簽證辦理流程優化等積極因素影響，今年上半年內地赴澳人數依舊在增加，但中國經濟增速放緩帶來的負面影響仍然難以忽視。2019 年上半年，澳門博彩業收益總額 1451 億港元，同比下跌 0.5%（見圖 10-1）。尤其是本應是澳門博彩旺季的 7 月，博彩毛收入意外下跌至 237.4 億，同比下跌 3.5%。前兩個季度，澳門貴賓業務博彩毛收入累計同比下降 14.5%，中場業務博彩毛收入累計

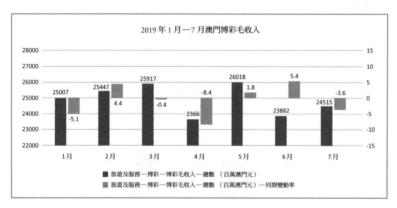

數據來源：澳門統計暨普查局。

圖 10-1　2019 年 1 月─7 月澳門博彩毛收入

1　數據來源：澳門統計暨普查局。

2　博彩新聞：去年澳門博彩稅收破千億增 13.6% 佔政府總收入近 8 成。

同比上漲 17.3%，顯示貴賓業務和中場業務的分化明顯。目前，澳門賭場業務正處於轉型期，各博彩企業貴賓廳業務均表現不佳，且中場業務也不能彌補貴賓廳業務下跌帶來的賭收缺口。在中美貿易形勢不明朗的情況下，如果未來中美貿易摩擦導致大陸經濟受到較大影響，大陸訪澳人數長期大量減少和人均消費不斷下降，澳門博彩中場業務的穩定增長也失去其基石，這將給澳門整體博彩業的發展造成嚴重的打擊，從而衍生出一系列就業市場萎縮、經濟波動等問題。

（二）人民幣匯率波動

在貿易戰持續升溫背景下，人民幣匯價受壓，人民幣貶值預期將會進一步加強，這將導致澳門幣匯率變化，進而對澳門經濟產生一系列波動影響。

人民幣貶值意味着澳門幣兌人民幣升值，澳門的出口業及出口服務將受到衝擊，使得澳門對外貿易居於不利地位[1]。據澳門統計暨普查局數據顯示，2019 年 5 月，貨物出口總值為 9.1 億澳門元，同比下跌 15.5%。其中，再出口為 7.9 億澳門元，跌幅為 15.7%，本地產品出口為 1.2 億澳門元，下跌 14.5%（見圖 10-2）。2019 年 1 月至 5 月，澳門出口中國內地貨物價值 6.7 億澳門元，同比下跌 19.5%。澳門幣兌人民幣升值，將會使澳門出口貿易持續萎縮，降

1　柳志毅：澳門經濟論壇 2018 主題發言（摘要），澳門經濟形勢前瞻 2019。

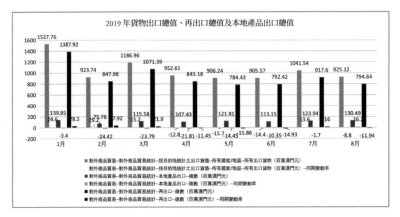

數據來源：澳門統計暨普查局。

圖 10-2 2019 年貨物出口總值、再出口總值及本地產品出口總值

低出口企業利潤率，致使出口企業的經營遭受打擊。出口企業經營
不善將會引發裁員危機，從而加大澳門的就業壓力。另一方面，澳
門幣兌人民幣升值，有利於澳門進口業發展。目前，澳門從內地進
口貨物佔總進口商品總值 51% 左右 [1]，澳門元升值，促使澳門從內地
進口貨物將增多，會在一定程度上降低澳門人民生活成本。澳門統
計暨普查局數據顯示，2019 年 1 月至 5 月，澳門自中國內地進口
貨物 54.5 億澳門元，同比上升 4.5%。但這在一定程度上也擴大了
澳門的貿易逆差，進口商品過多將削弱本地商品競爭力，加大澳門
對於內地商品和服務依賴性的同時，還可能引發資金外流和外匯漏

---

1 趙世勇：《一國兩制下的澳門通貨膨脹及其治理》，《"一國兩制" 研究》第 9 期。

損等一系列問題。

　　此外，澳門幣兌人民幣升值最顯著的影響體現在澳門在中國內地旅遊市場的競爭力減弱。人民幣匯率變動對赴澳旅遊的影響，主要是價格效應。人民幣貶值意味着人民幣的購買力相對下降，內地旅客在澳旅遊、購物、參與博彩活動的支出會相對提高，澳門作為短途旅遊目的地的價格優勢將被進一步削弱，可能會導致內地旅客赴澳人數減少、消費意願降低。同時，內地旅行社的旅行費的人民幣報價將隨之提高，價格的上漲可會進一步壓縮澳門在國內旅遊市場的佔比，或令赴澳遊客產生"惜兌"心理，減少購物和博彩相關業務消費。由於旅遊成本的提高引發內地客源減少、旅客逗留時間縮短、過夜遊客數下降和消費收縮等一系列問題，將會對澳門旅遊業帶來巨大的挑戰。另外，國內人民幣貶值伴隨着資本外逃，可能會使中國對港澳個人旅遊的簽注政策收緊以減少資本外流，這無疑會給澳門博彩旅遊業帶來更加沉重的打擊。

　　此外，澳門幣升值會刺激澳門居民到外地消費，如購物、旅遊、留學等，造成一定程度的資本流出和本地顧客外流，對於拉動本地經濟增長、推動產業結構優化具有不利影響。同時，特區政府的財政儲備中持有的部分新興市場股票資產在股價下跌、貨幣貶值下，總體回報難免出現大幅減少的情況，可能與社會公眾的預期產生較大落差[1]。

1　柳志毅：澳門經濟論壇 2018 主題發言（摘要），澳門經濟形勢前瞻 2019。

（三）澳門與美國關係

考慮到美資在澳門博彩業中佔據的重要地位以及美資博企賭牌續約成為中美貿易戰的談判籌碼的可能性，澳門和美國之間的關係（包括經濟、政治及安全等多個層面）將會變得更加敏感複雜，不確定因素進一步加強。

在經濟層面來看。由於歷史原因造成了澳門這個微型海島經濟體對歐美兩大市場路徑依賴的歷史慣性，澳門曾利用歐美給予的多項貿易優惠政策和出口配額，建立和發展了出口加工業，使美國成為了澳門最大的出口市場，並與美國建立了廣泛的經貿聯繫。近年來，美國退居為除中國內地、香港外的澳門第三大出口市場，並且出口貨物總量持續減少。中美貿易摩擦加劇，預計將會使美澳經貿關係趨於淡化，澳門可能會進一步喪失美國市場。尤其是在博彩行業，日趨緊張的中美關係，加之博彩執照續期問題尚未有明確安排，可能會導致澳門美資博企投資理念趨於保守，也不排除跨國的美資博企將部分高端客源轉移到在澳門以外經營的賭場。

中美貿易戰可能造成美資地位下降，增強本土資本對澳門經濟的控制力。若美方再次將貿易戰升級，不排除內地、香港、澳門結成同仇敵愾的民族利益同盟，對美國資本採取一些對等的制裁措施。例如，限制美資駐澳企業擴張，減少其從澳門獲利，尤其是一些對中國優化本地生產技術及提高行業競爭力沒有太大幫助的投資，例如澳門的美資博彩企業——永利、威尼斯人、美高梅（半美資）將首當其衝[1]。

　　在政治層面來看。美國可能以澳門作為貿易戰的籌碼針對性調整經濟金融政策，否認澳門獨立關稅區的地位或是對澳門展開審查。總的來說，美國對其在澳門的利益可界定為：爭取澳門支持反恐；保護在澳美國公民的人身安全；支持澳門維護本身的利伯維爾場經濟和獨特生活方式及公民自由；促進美國的商業利益；與澳門合作共同與違反知識產權、非法轉運紡織品、洗錢和其他跨國犯罪行為做鬥爭；並監察中國是否遵守國際承諾而維護澳門的高度自治。[2] 而早在 1999 年，澳門就曾因為知識產權問題被列入美國 "301" 條款的優先觀察名單，直到 2000 年和 2001 年被列為一般觀察名單，可見美國對澳門的審查已有先例。不久前，美國參議院推出了 "香港人權與民主法案" 草案，該法案的核心內容是要求美國政府每年認證香港的自治狀態，主要檢視香港的人權和民主標準，據此決定是否把香港作為一個獨立關稅區來對待。有學者認為，鑒於美國在台灣和香港問題上頻頻發力，以及特朗普在發動中美貿易戰中暴露的戰略目標，不能完全排除美國重返當年冷戰時期，將中國定位為 "敵對國家" 的可能性。美國將有可能為因應未來中美局勢的變化，修訂《台灣關係法》及《美國—香港政策法》、《美國—澳門政策法》、《美國—西藏政策法》等系列法律。[3] 如果美國以政

1　梁淑雯：《論中美貿易戰對澳門博彩業影響》，《"一國兩制"研究》2019 年第 2 期。

2　王毅耘：《澳門社會中的美國因素 —— 平行外交理論框架內的探討》，中國人民大學博士論文，2008 年。

3　永逸：《美國是否也將黑手伸進澳門及其他》，《新華澳報》，2018 年。

治問題為由不再把香港視為獨立關稅區，對澳門實施關稅措施，對科技出口加以限制，將會打擊澳門的出口業以及發展科技城市的目標。

在安全層面。據媒體報導，美國共和黨與澳門美資賭場關係密切，美國拉斯維加斯金沙集團主席愛德森曾向共和黨捐助大量競選經費，係特朗普的主要贊助者，而永利集團主席史蒂芬·永利曾是美國前總統老布什的競選委員會委員，亦與特朗普關係密切。由此可見，在澳門的美資賭場與特朗普政府利益攸關。2019 年，恰逢澳門特區特首換屆選舉，美資賭場也將在即將到來的 2022 年面臨博彩執照續期等系列問題。特朗普會不會像關注香港內部事務那樣，也開始關注和試圖干預澳門的內部事務，澳門政府如何在維持公平競爭下協調本地與外資的經濟政治利益、以及澳門特區與內地的經濟與社會利益，都將成為難以忽視的問題。

（四）賭牌續約問題

在中美關係緊張局勢下，美資博彩企業再續賭牌極有可能受到影響，或導致美資博企退出澳門博彩市場[1]。目前澳門六張正、副牌中，美資博企持有至少兩張半的份額，幾乎佔據了澳門博彩業的半壁江山。根據澳門經濟統計暨普查局和各持牌博彩公司的年度業績報告，2018 年美資博企佔據了整個博彩市場一半的利潤。

1　陳觀生：《中美貿易戰若深化必影響澳門》，《新華澳報》，2018 年。

　　美資博企佔據過多比例一直以來都引起各方非議。值得關注的是，構成澳門目前博彩業一業獨大的大型博企中，美資企業佔據了近半席位，這一直以來都引起各方非議：一是大型美資企業不斷擴張，對於本土的中小微企業具有顯著的、不斷加強的擠出效應，不利於澳門本土經濟的發展，且澳門博彩業中美資企業佔據主導地位，等同於把控澳門本土經濟命脈，為本土經濟的未來發展埋下隱患。二是隨着美資博企在澳門的不斷壯大，美資企業還為自身利益，以澳門司法體系妨礙貿易和經濟發展為由，干預澳門立法和司法程序，並扶植代理人以實現經濟和政治利益，嚴重影響了澳門政府依法施政。[1] 三是美資企業增加了情報泄露的風險。有學者認為，美國情報機構通過美資博彩企業，深入澳門進行情報搜集工作，或威逼誘騙在賭場洗黑錢的內地官員及其子弟出賣國家利益，為其所用。四是美資博企的壯大，導致大量資金流向美國財團。因此，任由外資財團無限度地擴張資本，以至於本土經濟的命脈掌握在外資手裏，不僅不利於本土經濟的成長，同時為本土經濟風險帶來隱患，更嚴重地則因外資力量過大，以致干擾特區政府政策決策，其結果會威脅到國家與地區的安全。

　　若用賭牌重投作為反擊，作為澳門經濟龍頭產業的博彩業美資企業影響力減低，將有效降低外資對本地經濟的影響，有效減少資

1　永逸：《美國是否也將黑手伸進澳門及其他》，《新華澳報》，2018 年。

本外流。[1] 此舉平衡、制約美資的發展，降低澳門博彩行業對美資的依賴，減少外資對澳門本土博彩企業的擠出效應。在 21 世紀初，澳門賭權開放之初，澳門政府偏向以 "引進來" 的態度打造澳門博彩業的招牌，引入更具有雄厚資金、先進經營理念和成熟商業模式的美資博企。然而，經過近十六年博彩業在澳門的高速發展，其較為穩定的客源，較為成熟的管理服務體系為其實現博彩市場股權多樣化、各方勢力協調平衡化提供了保障。通過減少美資博企干預，為本土澳資博企、港資博企爭取更多發展機會，甚至在政策上爭取為某些中資企業有限度參與博彩業，加強政府對博彩業的控制力。[2]

表 10-1　澳門博彩企業的資本背景情況

企業	牌照	最大股權	主要資本背景
澳博	主牌	澳門旅遊娛樂股份有限公司（54.13%）	澳門
美高梅	副牌	金殿超濠有限公司（25%） 美高梅金殿澳門有限公司（26%） MGM Las Vegas（49%）	澳門、美國
銀河	主牌	Canton Treasure Group Ltd（88.11%）	香港
威尼斯人	副牌	Venetian Venture Development Intermediate Limited（89.995%）	美國
永利	主牌	美國永利度假村	美國
新濠博亞	副牌	Melco PBL International Ltd（72%）	澳洲、澳門

數據來源：梁淑雯：《論中美貿易戰對澳門博彩業影響》，載於《"一國兩制"研究》2019 年第 2 期。

1　陳觀生：《中美貿易戰若深化必影響澳門》，《新華澳報》，2018 年。

2　梁淑雯：《論中美貿易戰對澳門博彩業影響》，《"一國兩制"研究》2019 年第 2 期。

　　同時，通過降低外資博企在澳比例，還有利於減少通過賭資形式從內地流入澳門的資金外流。自中國內地開放對港澳自由行之後，澳門博彩業的主要客源來自內地。中央政府允許澳門發展博彩業，並屢次放鬆內地遊客入境港澳的條件。據澳門統計暨普查局數據顯示，2018 年，澳門入境中國內地遊客佔據總入境旅客的70.55%；但他們在澳門博彩娛樂以賭資形式流入澳門的內地資金，很大份額最終通過美資財權者這一中介輕鬆地流到美國本土，這一點並不是中央政府的初衷所在。中央政府對澳門開放自由行的目的是增加內地資金對澳門的流入，從而促進澳門經濟的發展，而並非給外資財團甚至美國本土送利。[1]

　　此外，此舉雖然有可能增加澳門經濟短期緩慢增長的現象，但其為調整優化產業結構、降低博彩業一業獨大引發的經濟結構失衡、促進澳門經濟的多元化創造更有利的空間。早在 2001 年，澳門賭權公開競投的第 217 號批示《澳門特別行政區娛樂場幸運博彩經營》文件中，對於競標企業要求偏向 "有利於使所提供的旅遊產品多元化者"，顯示了強烈的偏向，即重視競標企業的經營資源、非博彩業務能力以及國際化的管理經驗。可見，彼時的澳門政府已經期望以拉斯維加斯為藍本，改變澳門旅遊業單一依靠博彩因素的情況，豐富娛樂、休閒、會展等綜合旅遊體驗。最終，金沙和永利等來自拉斯維加斯的美資賭場憑藉其綜合性的發展優勢成功中標。

1　于欣：《論美資博彩企業對澳門的政治生態影響及法制應對之策》，《新華澳報》，　　2019 年。

然而在長期發展實踐過程中，由於受到內地開放赴澳門自由行等紅利政策影響，澳門博彩業呈現了十餘年的爆炸式增長，博彩業務成為各大型博企的發展重點，而各大博企也並未如預期大力推動多元產業發展，休閒、會展等配套業務未有較大突破。因此，這也導致了土地、資源的供給緊張，拉高了本地商品和服務價格，造成了一系列經濟和社會問題。在現時澳門博彩業已經具備較為成熟的管理、服務與模式的背景下，通過減少對單一財資的依賴，引入多種資本，實現博彩市場股權多元化，進而通過國家規劃與產業政策手段真正落實經濟多元化。同時，這也顯示出政府對控制澳門博彩企業發展的主導話語權。

政治生態。在美國政府屢次以"國家安全"為藉口，編造種種不實的理據，公然違抗國際法，大力打擊中國科技產業巨擘中興通訊和華為等企業的背景下，賭牌重投完全可能成為中美政府之間的政治籌碼之一。尤其是在習近平主席在中共十九大報告中強調，澳門特區必須履行維護國家主權、安全、發展責任的憲制責任之後，中國政府極有可能以保護國家政治安全等理由對美資企業實施對等的限制措施，停止對美資賭場的續約。美國政府通過美財集團干預澳門內部事務、利用澳門"一國兩制"這個相對寬鬆的平台窺探中國內地情報是澳門博彩業過分依賴美資財團的政治隱患之一。這些事件屢見不鮮。例如，2005年澳門立法會選舉之前，有報導指出美資博彩企業推動員工登記為選民，有意推舉代理人進入澳門立法會；金沙曾聘請前美國中情局官員負責保安工作；永利通過極端舉動誘迫澳門通過博彩信貸法等。同時，駐澳美資博企大多不同程度地參與美國的情治機構，或者與政黨、政客有千絲萬縷的關係。[1] 在美資賭企與美國總統特朗普利益密切相關的背景下，賭牌重投可藉削弱美資力量對澳門政治事務的干預，減少對國家安全的威脅。[2]

當然，中美博弈未達到某種烈度前，動用博彩業賭牌作為反擊籌碼需考慮相應成本與收益，尤其澳門博彩業不景氣的情形下，關停美資博彩企業會導致大量本土居民失業，影響民生和社會穩定。如何分流安置這些失業人員，需要前瞻性地作出計劃準備，從財政和產業上多維考慮。目前，即將到期的兩份博彩經營權執照已獲延期至 2022 年，即全澳六份賭權執照將同時到期。屆時牌照續期問題如何處理，將考驗特區政府智慧。雖然在 “一國兩制” 框架下，澳門政府對於拍照續期事宜擁有決定權，但仍需從國家利益的角度出發，綜合考慮各方因素。考慮到中美兩國在未來兩年間有可能無法達成協議，談判破局的可能性無法完全排除，澳門政府應當考慮訂立相關預案，通盤規劃美資賭場不獲續期等極端狀況下的各項工作安排，避免屆時因賭權執照續期問題影響經濟和社會穩定。

（五）“中葡平台” 戰略地位問題

當前，中美作為貿易風波的中心，兩國經濟前景不容樂觀。

1　王向偉：《思考 HK，中美貿易戰會波及澳門博彩業嗎？》。

2　于欣：《論美資博彩企業對澳門的政治生態影響及法制應對之策》，《新華澳報》，2019 年。

IMF 對貿易戰全面爆發的後果進行了推演，得出了令人擔憂的結果。如果美國進一步對剩餘的 2600 億美元的中國商品加徵關稅，且中國進行相應程度的報復性關稅政策，同時全球企業信心下降導致投資減少等附加後果，2020 年全球 GDP 將可能會降低超過 0.8%，長期來看，仍將會低於 0.4%。這將給全球經濟造成嚴重損失，並將透過投資者的信心下降，對金融系統造成衝擊。根據推演結果，美國可能會在 2019 年損失 GDP 的 0.9 個百分點，而中國可能更為嚴重，損失 1.6 個百分點。[1] 在這樣嚴峻的形勢下，中國尋求與其他地區的貿易夥伴關係，便顯得尤為重要。中國需要更為積極的尋求與亞洲其他國家、歐洲、非洲、南美洲等美國以外地區的貿易關係，以應對出口問題，並在未來不斷強化這些經貿聯繫，以滿足自身的市場需求，和融入世界經濟的其他途徑。

澳門作為中國與葡語國家經貿合作服務平台，是連接中國與葡語國家的橋樑。澳門應進一步發揮好紐帶作用，充分挖掘其作為中樞的潛力，密切連接中國與葡語國家的合作，幫助中國打開更為廣闊的市場，並不斷提升自身的國際影響力。例如，可以通過葡萄牙走向歐洲市場，通過巴西走向南美市場，通過安哥拉、佛得角、幾內亞、莫桑比克開發非洲市場，通過東帝汶開發東盟市場等。

發揮澳門中葡平台優勢，還將有助於澳門應對未來美國的針對性限縮政策。即便屆時美國限制美赴澳門旅客數量，由於澳門在中

1　Carlos Caceres; Diego A. Cerdeiro & Rui Mano, 2019, Trade Wars and Trade Deals: Estimated Effects using a Multi-sector Model, IMF Working Papers.

國與葡語系國家間中樞地位愈發突顯，經貿文化交流日益密切頻繁，美國遊客數量減少也會為葡語國家及周邊地區訪澳遊客數量的增加所抵消，甚至超過美國遊客減少數量。只要有穩定的旅客資源作為保障，澳門世界旅遊休閒中心建設就不會受較大影響，藍圖必將一步步繪就實現。

　　總而言之，若中美經濟最終走向分步驟 "脫鈎"，由於澳門經濟對中國內地市場的高度依賴，必將承受隨之而來的顯著的負面影響 —— 博彩業旅遊業收入銳減，造成澳門稅收收入減少，出口、商貿受阻，不確定性風險引發的經濟總量波動。疊加目前澳門自身的社會問題如出生率下降、人口老齡化嚴重、就業結構單一等，將持續加重社會負擔，或致人均社會福利下降，引起民眾不滿，影響社會穩定。繼而對澳門建設 "世界旅遊休閒中心" 的規劃發展產生不利影響。

第十一章　中美貿易戰下澳門的發展路向

　　小觀澳門。隨着第四次工業革命的到來，影響更為深刻的新一輪全球化進程正在推進。二戰後由美國等發達國家主導的全球經濟治理體系，已經難以適應當今全球經濟的發展變化，反而加劇了全球治理體系的失衡。在民粹主義沉渣泛起，保護主義、內顧傾向頻頻抬頭的背景下，特朗普政府抵制"全球主義"，試圖顛覆現有的國際秩序，借"美國優先"的策略，放棄承擔國際責任，強調國內利益，以關稅壁壘為工具，推行貿易霸權，發起貿易戰，這無疑將對全球經濟產生不利影響。在這樣的國際局勢下，澳門應該從服務國家總體外交的高度出發，主動利用中葡平台和自貿港優勢協助中國持續推動雙邊和多邊合作，降低中美貿易戰對中國經濟帶來的衝擊。同時，積極調整自身定位，不斷優化產業結構，提升抗經濟風險能力，以應對未來挑戰。

　　作為全球最大的兩個經濟體，中美貿易戰不僅對雙方造成巨大影響，還牽動着全球經濟。澳門作為中國的特別行政區，屬於小型開放型經濟，且澳門當前博彩業與美資財團關係密切，不可避免地受到貿易戰影響。在中美貿易摩擦加劇，經濟下行壓力加大的背景下，澳門特區要審時度勢，順勢而為，轉危為機，深耕本地經濟。

　　首先，長久以來，博彩業 "一業獨大" 的產業結構特徵對其他產業產生的排擠效應成為困擾澳門產業結構適度多元化多年的難題，甚至可能會引發房地產泡沫和社會不平等等社會問題[1]，外資博企過度壯大也引發了博彩利益集團干預澳門政治的擔憂[2]。同時，澳門博彩業過度依賴內地（特別是廣東）和香港市場將不利於澳門博彩旅遊業多元化和國際化發展。因此，在博彩業受到衝擊的同時，也為澳門調整產業結構提供了潛在機會，澳門可藉此機會發展金融服務業、工商服務業以及文化創意和中醫藥等新興產業，提高產業多元化應對經濟風險的穩定性。與此同時，澳門政府可藉此機會修訂和完善博彩業相關法律法規，進一步規範博彩業准入機制和要求，將依法施政落到實處。目前，臨近博彩執照重新分配的關鍵時期，政府應該充分利用此次談判中的議價優勢，要求各家博彩企業負擔更多社會責任，訂立中長期投資計劃和發展規劃，令各博企增加針對非博彩項目的投入，推動澳門經濟適度多元發展，同時加大各企業在澳門本地的採購和人才聘用，減少資金外流。

1　Gu X, Li G, Chang X, et al. Casino tourism, economic inequality, and housing bubbles. *Tourism Management*, 2017, 62: 253-263.

2　關紅玲：《外資進入澳門博彩業帶來的社會政治影響》，《澳門研究》2005 年第 12 期，第 68-73 頁。

其次，面對內地旅客數量回落的危機，澳門旅遊業要着力開發新的客源，克服發展過程中資本國際化和遊客國內化這一基本矛盾[1]，減少對內地旅客的過度依賴，實現旅客國際化，打造名副其實的世界旅遊休閒文化中心。澳門可利用海外華商以及歐盟和葡語國家的交往中的優勢，應進一步依託國際貿易投資展覽會、中葡經貿合作論壇、歐洲企業網絡澳門聯絡點等組織和形式，大力發展旅遊會展業，發展商務和度假旅遊、文化旅遊等行業。澳門旅遊業的未來發展可集聚並突出多元文化傳統和特色，打造東南亞最具歐亞風貌的旅遊目的地品牌，調整並豐富旅遊產品結構，打造澳門城市獨特的文化價值和文化品牌。

同時，在中國進一步開放金融市場的背景下，澳門可加強與內地金融機構的聯繫，利用澳門的橋樑和平台優勢全力配合服務國家發展戰略大局，同時可以與內地合作大力發展本地金融業。從"國家所需、澳門所長"的角度出發，澳門可發揮本地金融業的優勢，進一步延伸和深化推進國家人民幣國際化和資本市場逐步開放的總體戰略。基於一個平台的定位，澳門可以利用其與葡語國家、歐盟的廣泛聯繫，促進中國與葡語國家以及歐盟的貨幣金融合作。尤其是當前中國與葡語國家經濟互補性強，合作前景廣闊，在中美貿易戰持續升溫的背景下，中國與葡國國家和臨近地區的關係顯得愈發重要，中葡平台的作用也更為凸顯。澳門作為葡語系國家和地區與

---

1 陳廣漢：《澳門博彩旅遊業的國際化研究》，《大珠三角論壇》2016 年第 2 期，第 1-14 頁。

中國之間的橋樑和紐帶，與葡語國家有着悠久的人文商貿聯繫，擁有熟悉內地和葡語國家的語言、經貿和文化等人才[1]，可立足於在國家發展戰略中作為"中國與葡語國家商貿合作服務平台"的發展定位，將澳門打造成為葡語國家人民幣清算中心、葡語國家企業融資平台、葡語國家融資租賃平台、葡語國家貴金屬交易平台，說明國家與葡語國家建立更加密切的經濟聯繫。[2]其次，澳門還可以與內地一起將澳門打造成新興債券市場，為內地融資提供更多選擇。早在2018年，澳門首次發行了40億離岸人民幣"蓮花債"；2019年5月，中國農業發展銀行在澳門向境外發行10億元人民幣債券；同年7月，中央政府在澳門發行20億元人民幣國債，這些都為兩地金融合作提供了良好示範，積累了相關經驗，可以有效提升澳門這一新興債券市場的知名度，對加快推動澳門債券市場建設具有重要意義。除此之外，澳門在繼續推進融資租賃業務、綠色金融配套服務和財富管理等特色金融服務發展的同時也應當借鑒內地經驗，與內地一起培育本地金融人才，加強兩地金融合作。在金融人才培育方面，政府需持續不斷加強對特色金融教育的資金投入，並設立專項的人才獎勵計劃，將特色金融人才納入專業人才、精英人才的培養規劃和列表目錄，積極與駐澳中聯辦溝通合作，爭取中央的政策與智庫支持，通過高教辦、教育暨青年局、金管局、人才發展委員

1　盛力：《一帶一路是澳門與祖國的共同發展之路》，《人民論壇》2019年第4期，第28-29頁。

2　黃善文：澳門經濟論壇2018主題發言（摘要），澳門特色金融工作進程及未來展望。

會等政府層面的多部門聯動，制定鼓勵特色金融人才發展的政策法規，搭建特色金融人才的職業發展平台和信息交流平台，吸引更多的人才，特別是年輕人加入到特色金融業的行業中來。[1]

　　此外，澳門還應該加強與周邊地區的合作，積極主動參與到粵港澳大灣區發展中來。藉助於泛珠三角區域合作框架協議以及相關合作的制度安排，也是為更好落實 CEPA 的政策精神。澳門應該加強與泛珠江流域九省之間的經濟交流與合作，以此擴大自己的經濟腹地和可持續發展空間。尤其是當前中美貿易戰愈演愈烈，中國經濟增長從依賴出口轉向內需驅動的現實下，澳門參與粵港澳大灣區落後地區的開發將對拉動中國內需起到一定作用。澳門處於粵港澳大灣區的灣西地區，而灣西地區包括珠海、中山、肇慶、江門，以及泛珠三角的陽江、湛江等粵西地區，與粵港澳大灣區的灣東地區各城市存在較大的發展差距。澳門寬鬆的投資環境和歐洲式的立法和司法系統，使外商願意利用澳門這個自由港，作為進入近年經濟高速發展的珠江三角洲地區腹地的跳板。這恰好為澳門提供了扮演灣西地區乃至整個粵西地區與國際社會之間交往窗口的角色的機會。隨着港珠澳大橋等基礎設施的進一步完善，港珠澳三地的交通往來將更加方便。澳門可以深化澳門—珠海跨境金融深度合作，研究探索建設澳門—珠海跨境金融合作示範區，推動與珠海合作

1　耿川：《澳門經濟適度多元化視閾下特色金融及其人才發展路徑芻議》，《蘭州學刊》，2019 年，第 105-116 頁。

建設集居住、教育、醫療等功能於一體的綜合民生項目。[1] 除此之外，澳門應該加強與廣東和香港在旅遊業方面的合作，開拓國際市場，吸引國際遊客，共同打造世界級著名旅遊區，逐步實現博彩旅遊業的遊客國際化。在粵港澳大灣區建設中，澳門可發揮自身在對外開放、現代服務業等方面的獨特優勢，打造全球資本、技術、人才彙聚的新平台，突破要素便捷流動和優化配置等關健環節的制度壁壘，響應澳門社會各界對粵港澳大灣區建設關注期待，為澳門經濟結構優化培育新增長點。

　　澳門可以發揮在建設"一帶一路"樞紐、構建"走出去"和"引進來"的雙向互動平台過程中發揮重要區域支點的作用，加強與"一帶一路"建設密切對接，提升澳門國際競爭力。中美貿易關係持續惡化，在這背景下中國更需要通過"一帶一路"機制拓展海外市場，中葡平台和澳門對外聯繫的角色更加重要。澳門應該繼續強化內聯外引的中葡平台作用，將國際聯繫和國際經驗延伸至內地，協助引進外資，也可以與內地的企業共同開拓海外市場和機遇，實現中國與葡語系國家合作的全面升級，打造海上絲綢之路的重要節點。同時，"一帶一路"建設也給澳門企業帶來了機會。其中，"帶、路"投資是中國政府針對世界範圍的發展需要及各國的發展利益而提出的具有長遠目標的國際倡議，是以企業主導、共商共建共享的合作模式為重要基礎，實施多元化合作及開發模式。這些創

1　2018 年中美貿易投資簡況，中華人民共和國商務部中國服務貿易指南網。

新性的投資及營運模式，有利於澳門企業跟隨"一帶一路"投資進入新市場，拓展基礎設施投入及運營後產生的相關發展機會，如製造業、房地產行業等。[1] 受惠於國家"一帶一路"的發展，澳門可以利用作為世貿組織創始成員和獨立關稅區的身份，未來以單獨關稅區的身份與葡語國家簽訂自貿協議，提供實質性優惠，提高內地企業經由澳門向葡語系國家市場開拓的積極性[2]。

---

1 葉輔靖：澳門經濟論壇 2018 主題發言（摘要），中國內地經濟走勢與澳門的機遇。

2 陳章喜：《粵港澳大灣區建設中的澳門：機遇、挑戰與路向》，《統一戰線學研究》2019 年第 4 期，第 47-55 頁。

第五篇

新冠肺炎疫情爆發與中美關係

　　經過兩年多不斷升級的緊張局勢，美東時間 2020 年 1 月 15 日，中美雙方在美國華盛頓簽署《中華人民共和國政府和美利堅合眾國政府經濟貿易協議》。歷時 18 個月的中美貿易戰暫時休兵。中美關係原本可以因這份協議暫時鬆一口氣。但是，突發的新冠肺炎（Covid-19）疫情使原本已經如履薄冰的中美關係迅速雪上加霜。2019 年 12 月底，湖北省武漢市疾控中心監測發現不明原因肺炎病例。彼時沒有人預料到這將會波及 226 個國家和地區，演變成為一場全球性大瘟疫，並且被世界衛生組織認定為全球自第二次世界大戰以來面臨的最嚴峻、最具毀滅性的危機。

　　自 2019 年 12 月末發現病例開始，國家衛生健康委員會隨即派出工作組、專家組趕赴武漢市。中國疾控中心、中國醫學科學院迅速開展病原鑒定。1 月 3 日，中國開始定期向美方通報疫情信息和防控舉措，並定期與世界衛生組織、有關國家和地區組織以及中國港澳台地區及時、主動通報疫情信息。在成功分離首株新冠病毒毒株、並初步確認新冠病毒為疫情病原後，中國疾控中心將新型冠狀病毒核酸檢測引物探針序列信息通報世界衛生組織，隨後向世界衛生組織提交新型冠狀病毒基因組序列信息，在全球流感共享數據庫（GISAID）發佈，全球共享。1 月 20 日國家衛生健康委組織高級別專家組召開記者會公佈發現有人傳人現象，包括廣東在內的多個省市在春節前宣佈重大突發公共衛生事件一級響應，1 月 23 日上午 10 時，地處長江黃金水道與京廣鐵路大動脈的十字交匯點，歷來被稱為 "九省通衢" 之地的重鎮武漢封城。14 億中國人旋即轉入

"戰疫"時間。

　　中國採取了歷史上最堅決、最迅速、最強有力的措施來控制疫情。全國各地的精銳醫護人員被火速調遣馳援湖北。借鑒 2003 年"非典"的小湯山經驗，中國政府各部門總體動員、全力調配相關資源，在十天內完成不可能完成的任務 —— 建成火神山、雷神山兩所醫院。同時，被稱為"生命之艙"的方艙醫院開始收治輕症患者，實現了輕症患者從"居家隔離"到"收治隔離"的轉變，切斷了社會傳染源頭。為了追蹤確診病例的接觸者，中國採取了前所未有的行動確保免費病毒檢測和確診病例的免費就醫。嚴格的"隔離"措施在全國開展，包括外出要戴口罩，取消賽事，關閉劇場、學校和商業活動，為隔離在家的人們配送醫藥和食物等。中國政府發動一切可能的力量，網格化、大規模排查，從而確保盡收盡治。在大規模的科學驅動靈活機制下，中國成功阻止了疫情傳播，改變了疫情進程，避免了更多人被感染。

　　在中國全力抗擊疫情之初，世界衛生組織在 1 月 30 日宣佈疫情構成國際公共衛生突發事件，但是不建議採取任何旅行或貿易限制措施。儘管如此，意大利還是在 1 月 31 日宣佈該國進入國家緊急狀態，取消中意直飛航班。美國政府同樣在 1 月 31 日宣佈新型冠狀病毒疫情構成美國的公共衛生緊急狀態，近期到過中國的非美國公民將被禁止入境。美國國務院發佈公告，將對中國的旅行警告提高至同伊拉克、阿富汗一樣的最高級別。同時美方官員還影射中國在應對疫情問題上與美國不合作。國務卿蓬佩奧甚至繼續惡毒攻擊中國的國家制度。

　　作為一種危及全球的衛生流行疾病，抗擊新冠肺炎疫情曾被寄予希望成為中美關係激化趨勢的緩衝劑。疫情爆發後，在美華人、美國商界以及非政府組織捐贈的物資源源不斷輸送至中國，中美相關專業機構之間也開展了功能性合作。這種合作理應包括病毒學科學研究、戰略援助支持，以及相關的邊界通航等交通控制等。特朗普總統在疫情爆發之初曾就中國政府應對疫情給予積極評價，呼籲加強商業聯繫。但遺憾的是，這一場急劇蔓延世界的大規模傳染疾病——這一重大的全球公共衛生危機，並沒有在根本上提升中美合作的需求、改善中美關係。從民間到政府層面的中美間相互戰略支持有限，雙方摩擦矛盾不斷，關於病毒來源、污名化以及應對模式等成為中美之間的主要爭論和重要分歧所在。可以說，2020 年初新冠肺炎疫情的爆發為特朗普政府提供了指責、攻擊中國政府的新契機和新抓手，為進一步施壓和脫鈎提供了新能量，在現實層面進一步擴大並加深了中美分歧，加劇了兩國政府層面的政治互疑、加深了民間層面的相互憎惡情緒，使原本已困難重重的中美關係雪上加霜，加速全球經貿秩序的重構。

第十二章　疫情政治化

　　儘管中國疫情在 2020 年 2 月末開始出現拐點，並逐漸緩解。但疫情開始在全球範圍內逐步失控。3 月 11 日，世界衛生組織宣佈新型冠狀病毒已滿足全球大流行疾病的定義。同日，美國確診案例超過一千例，美股應聲熔斷。3 月 13 日，美國有超過 1700 例確診病例，40 例死亡。鑒於新型冠狀病毒疫情的迅速蔓延，總統特朗普宣佈美國進入國家緊急狀態。美國民眾對疫情的認知一夜之間發生了急轉彎。疫情之下，美國政府在採取防疫手段 —— 閉關的同時，開始尋找可以歸咎的目標。

　　特朗普先是在 2020 年 3 月中的全國講話中，將美國疫情日趨嚴重歸咎於中國和歐洲未能及時對中國實施旅行禁令。但顯然這一套說辭無法解釋由於美國國內防疫、預警系統的諸多漏洞所導致的問題。在檢測病毒的力度上，美國在疫情爆發之初仍遠落後於其他發達國家。美國過敏症和傳染病研究所主任安東尼・福奇（Anthony Fauci）3 月 12 日在國會聽證會上表示，在遇到新冠疫情這樣的公共衛生緊急事件時，美國的醫療系統尚不能保障民眾所需。"必須承認，我們在檢疫上失敗了。"[1]同時，2001 年 "9·11" 事件後成立的存有大量口罩、藥品和醫用器材的國家緊急儲備（national emergency stockpile）承受嚴峻考驗。美國衛生及公共服務部部長艾利克斯·阿扎爾指出，如果疫情全面爆發，美國需要 3 億個呼吸面罩才能確保醫護人員的安全，然而儲備中只有 3000 萬個口罩，同時儲備中約 1200 萬個 N95 口罩的 42% 可能已經過期。[2]因此也出現了被稱為 "現代海盜" 行徑的、美國全球搶醫療物資的行為。美國禁止本國 3M 公司口罩出口加拿大和拉美市場、攔截法國向中國購買的口罩、在泰國曼谷機場攔截原本計劃運往柏林供當地警方使用的 20 萬個 N95 口罩。此後新冠病毒在美國蔓延的速度和範圍，讓特朗普政府應對疫情的態度和行動越來越遭到質疑。為了應對來自各方的質疑，國務卿蓬佩奧和其他身處華盛頓政治核心的政客和部分媒體加大了對中國的 "甩鍋" 程度。

新冠疫情爆發後，由於新冠病毒根源不明，中國不斷受到來自美國和其他國家的政治指責。美國不斷就病毒的來源和病毒名稱抹黑中國，這也成為雙方政界和輿論爭執的焦點。2020 年 4 月 26

---

1 Fauci Testifies Coronavirus Testing System "Not Really Geared to What We Need Right Now", Mar 12, 2020, https://oversight.house.gov/news/press-releases/fauci-testifies-coronavirus-testing-system-not-really-geared-to-what-we-need.

2 Amanda Watts and Alison Main, The US has a stockpile of masks, health secretary says, 26 February 26, 2020, https://edition.cnn.com/asia/live-news/coronavirus-outbreak-02-26-20-intl-hnk/h_d18cf0c9f803033ffdeff947ad1bae26.

日，美國約翰・霍普金斯大學的實時統計顯示，全球新冠肺炎死亡病例突破 20 萬例，美國死亡數已超 5.4 萬人，是全球死亡人數最多的國家。對此，白宮國家貿易和製造業政策辦公室主任納瓦羅聲稱，美國現在的死亡和經濟破壞都是 "中國病毒" 造成的，"中國挑起了一場戰爭"。[1] 事實上，自疫情爆發之初，國務卿蓬佩奧在包括 3 月 25 日 G7 部長會議在內的多個重要場合公開堅稱 "武漢病毒"，刻意在新冠病毒問題上污名化中國。儘管總統特朗普在新冠肺炎剛剛在中國大規模爆發時，曾多次稱讚中國領導人習近平在疫情控制上應對迅速、透明和專業，並感謝中國的努力。但是，隨着美國新冠病毒感染人數的與日俱增，總統特朗普也開始改變調門，努力將中國塑造成 "替罪羊"。

按照世界衛生組織（WHO）的指導原則，"中國病毒" 的名稱不準確而且是一種污名化。但在 2020 年 3 月 16 日，也即白宮宣佈美國進入國家緊急狀態後的三天，特朗普首次在推特上將新冠病毒稱為 "中國病毒"，並在隨後的白宮記者會上稱中國指責美軍將病毒帶入中國的訊息是錯誤的。北京和華盛頓因此就新冠病毒的起源地，開始了中美雙方的 "外交口水戰"。此後，特朗普在 3 月 19 日白宮新聞發佈會上的講稿被拍到，其中 "新冠病毒" 被手寫改為

1　Ian Schwartz, Peter Navarro: This Is A War That China Started By Spawning The Virus, By Hiding The Virus, Hoarding PPE, April 25, 2020, https://www.realclearpolitics.com/video/2020/04/25/peter_navarro_this_is_a_war_that_china_started_by_spawning_the_virus_by_hiding_the_virus_hoarding_ppe.html.

"中國病毒"。在隨後接受訪問時，特朗普雖然表示決定不再把新冠病毒與中國聯在一起，但他仍表示病毒來自中國，並且其他疾病也用發源地來命名。儘管特朗普政府的一些衛生官員也明確聲明，中國已經共享了該病毒的基因組序列，而且中國科學家已經公開發表了關於該病毒的重要論文，譴責中國政府可能導致其難以共享有關該病毒的準確數據。[1] 遺憾的是，特朗普在此後的白宮例行記者會上仍屢次對武漢病毒研究所和中國的死亡數據提出質疑，同時國務卿蓬佩奧一直不改"武漢病毒"的說法，華盛頓和媒體試圖就新冠疫情的追責從言語層面落實到行動層面。

在 2020 年 4 月 18 日的白宮疫情新聞會上，特朗普指出，如果中國對新冠病毒大流行"明知故犯"，中國將面臨後果。"失控的失誤"和"故意造成"兩者之間有很大的區別。[2] 而在 4 月初，美國情報官員就指責中國在疫情爆發初期掩蓋了真相。根據彭博社的報道，美國情報機關向白宮遞交的秘密報告指出在 2019 年 12 月底武漢爆發新冠疫情時，中國政府刻意掩蓋了疫情的真實信息。美國國務卿蓬佩奧 4 月 15 日公開表明，美方讚賞中國提供醫療物資，但是美國確定新冠病毒源自中國，"我們知道武漢有個病毒研究

1　Michael Crowley, Edward Wong and Lara Jakes, March 22, 2020, Coronavirus Drives the U.S. and China Deeper Into Global Power Struggle, https://www.nytimes.com/2020/03/22/us/politics/coronavirus-us-china.html.

2　Sarah Silbiger, Trump warns China could face 'consequences' over pandemic, 19 April, 2020, https://japantoday.com/category/world/trump-warns-china-could-face-%27consequences%27-over-pandemic.

所……有很多事情有待查明。美國政府正在努力弄清真相。"[1]

與之相配合，美國一些國會議員已經呼籲要求對中國掩蓋真相進行國際調查，要求中國對全球疫情蔓延負責，中國應賠償美國和其他國家所受到的損失。美國國會眾議院共和黨籍議員史密斯（Chris Smith）與萊特（Ron Wright）2020 年 4 月 17 日推出提案，擬允許美國公民及地方政府向中國政府提起訴訟，要求中國為美國民眾蒙受的損失承擔責任。他們表示，中國隱瞞了新型冠狀病毒的嚴重性和性質，導致他們遭受了損害。該法案將剝奪中國政府的主權豁免權，從而為訴訟鋪平道路。參議院共和黨籍議員霍利（Josh Hawley）也推出相似提案，擬在美國國務院成立"為 COVID-19 受害者追求正義工作小組"，負責國際調查，追究中國對疫情爆發的處理和向中國政府追討賠償。

事實上，早在 2020 年 3 月中旬，美國的保守派律師及其遊說組織（Freedom Watch）和得克薩斯州的一家公司（Buzz Photos）已經對中國政府發起訴訟，他們指責新冠病毒是中國政府研發的"非法生化武器"，要求中國為新冠病毒造成的損失支付 20 萬億美元。[2] 4 月初，美方部分醫務工作者指控中國囤積個人防護設備，他們指責中國政府在疫情前期動員海外華僑全球採購防疫物資，導致疫情

1　Barbara Boland, Pompeo's Wuhan Dodge, APRIL 17, 2020, https://www.theamericanconservative.com/articles/pompeo-dodges-questions-about-2018-wuhan-lab-warnings/.

2　Melissa Quinn，Conservative Lawyer Sues Chinese Government Over Coronavirus Outbreak, March 19, 2020, CBS News, https://www.cbsnews.com/news/coronavirus-lawyer-larry-klayman-sues-chinese-government-over-outbreak/, accessed on 22 April, 2020.

後期蔓延到全球後，包括美國在內的眾多國家醫護人員急缺防護用品，從而導致後者面臨嚴重風險。4 月 21 日，密蘇里州成為美國第一個就中國應對新冠疫情的方式提起訴訟的州。密蘇里州總檢察長施密特（Eric Schmitt）向聯邦法院提起民事訴訟，控告中國處理疫情不當，訴訟聲稱密蘇里州及其居民可能遭受了數百億美元的經濟損失，並要求現金賠償。共和黨人施密特聲稱："中國政府在新冠病毒的危險性和傳染性方面對世界撒了謊，令吹哨人噤聲，且幾乎未採取什麼行動來遏制病毒擴散，他們必須為自己的行為負責。"同時還指控中國政府通過囤積口罩和其他個人防護裝備令疫情加劇。

美國參議院司法委員會主席兼外交關係委員會成員林賽・格雷厄姆（Lindsey Graham）此前曾經指責中國政府在處理疫情過程中"嚴重過失和故意欺騙"，"中國需要付出代價"。他在 4 月 25 日接受福克斯新聞訪問時表示，如果美國沒有向中國問責及要求賠償，會讓"我們感到羞恥"。他表示中國必須負起責任，賠償美國人的損失。他強調如果中國不能做到下面三件事，將等着被美方制裁，這三件事包括：充分配合美國的調查，包括新冠病毒起源、武漢實驗室，以及為何造成大流行病等；關閉販賣海鮮及活動物的市場，以避免未來引發類似事件；徹底改變（壓制）行為，例如釋放異議分子以及遵守對香港的一國兩制的承諾等。他甚至提到基地組織發動的"9・11"恐怖襲擊，奪走將近 3000 名美國人的性命，之後"我們齊心協力追趕"該恐怖組織。現在中國瞞疫造成全球大流行病，至今兩千六百多萬美國人失業，五萬多人失去生命，因此"我們應該對中國持同樣的態度"。格雷厄姆敦促特朗普政府應持續採取強硬對華立場，限制中國的學生、官員、企業的美簽，阻止他們入境，停止中國公司在美國的直接投資等，直到中國改變做法。他還呼籲取消美國對中國的債務，對中國商品徵收"大流行病關稅"，並且制裁中國官員。[1]

　　儘管，根據美國在 1976 年設立《外國主權豁免條例》，該條例給予外國政府廣泛的豁免權，密蘇里當地法庭很可能認定，案件涉及美國與另一個主權國家之間的事宜，法庭對此沒有司法裁決權，因此撤案處理。但是，代表密蘇里州的共和黨籍參議員霍利（Josh Hawley）提出一項新法案，要求取消中國的主權豁免權。阿肯色州參議員科頓（Tom Cotton）與得州眾議員克倫肖（Dan Crenshaw）也提案，要求在《外國主權豁免條例》中新增新冠疫情的例外條款。考慮到目前針對中國隱瞞疫情的憤怒情緒正在美國醞釀，國會通過法案解除中國主權豁免權，並非不可能。與此同時，美國國內也有聯合其他國家對中國發起國際訴訟的聲音。比如澳大利亞外長近期就在積極呼籲對中國進行獨立國際調查，強調"中國必須對所有的受害者家庭解釋到底發生了什麼"，"世界與中國的交往的方

1　Zachary Halaschak, 'Don't give China a pass': Lindsey Graham urges bipartisan response to country's handling of coronavirus, https://www.msn.com/en-us/news/politics/dont-give-china-a-pass-lindsey-graham-urges-bipartisan-response-to-countrys-handling-of-coronavirus/ar-BB13hW9T.

式在某種程度上需要重新審視"。[1] 不過,考慮到中國在聯合國安理會擁有否決權,交由國際仲裁的可能性也不高。

　　儘管在法理上要求中國負責的難度很高,在財務上獲得賠償的可能性極低,但是由於中國面臨來自各國海嘯般的追責聲浪,中國在美資產或將面臨風險。胡佛研究所最新出版的一份報告指出,美國應該對負責制止冠狀病毒信息的中國官員或從應對疫情中受益的醫療設備供應商或藥品製造商施加經濟制裁。同時中國持有約 1.07 萬億美元的美國國債,華盛頓可以取消中國持有的國債,並利用所得來建立信託基金,以補償受到新冠病毒大流行危害的美國人。中國公司和公民在過去的十年中在美已有房產投資,而中國國有企業一直在努力收購具有戰略價值的美國高科技公司。因此美國可以沒收在美的中國資產。[2] 歷史上,美國政府也確實在古巴革命和 1979 年的伊朗革命期間,凍結了外國政府的資產。中國擁有的美國國債暫時或許安全,但是州政府是否會真如胡佛研究所建議的、沒收中國在美資產確實存在一定變數。

　　這一系列要求中國針對疫情進行賠償的聲音很明顯是出於美國國內政治因素,通過聚焦於中國問題,掩蓋美國政府自己的錯誤。同時,面對美國的選舉年,特朗普將優先從連任的角度考慮追責,

---

1　Brett Worthington, Marise Payne calls for global inquiry into China's handling of the coronavirus outbreak, 19 April 2020, https://www.abc.net.au/news/2020-04-19/payne-calls-for-inquiry-china-handling-of-coronavirus-covid-19/12162968.

2　John Yoo, Robert J. Delahunty, How To Make China Pay For COVID-19, April 26, 2020, https://www.hoover.org/research/how-make-china-pay-covid-19.

將新冠病毒作為競選工具，從而助力 2020 年 11 月的美國大選。根據美國政治新聞網站 Politico 4 月 24 日的報道，共和黨參議院全國委員會已向競選機構發送了一份長達 57 頁的備忘錄，建議共和黨候選人通過積極攻擊中國來應對新冠疫情危機。這份備忘錄敦促共和黨候選人在回答任何有關病毒的問題時，堅持不懈地發表反對中國的信息。主要策略包括"強調中國掩蓋真相導致病毒蔓延"、"民主黨人對中國態度軟弱"以及"共和黨人因中國導致了此次疫情的傳播而推動了對中國的制裁"。根據此份備忘錄，共和黨人計劃讓中國成為 2020 年大選的中心議題，而特朗普的顧問們也表示民調顯示針對中國的攻擊將是有效的。[1] Morning Consult 在 4 月 17 日到 19 日進行的調查顯示，大部分美國選民認為中國應該承擔的責任在先，特朗普其次。[2] 同時 4 月 21 日皮尤研究中心發表的民調報告顯示，相較於 2017 年的 47%，如今三分之二的美國人對中國持有負面印象，只有 26% 的人持有正面看法，這成為自 2005 年開始的這項調查的最高紀錄（見圖 12-1）。同時，90% 的美國民眾將中國視為威脅，其中 62% 認為中國是"主要威脅"，這個結果也比 2018 年上升了 14 個百分點（見圖 12-2）。這為大選的選戰提供了最有

1　Alex Isenstadt, GOP memo urges anti-China assault over coronavirus, 04/24/2020, https://www.politico.com/news/2020/04/24/gop-memo-anti-china-coronavirus-207244.

2　具體來說，18% 的民主黨人認為中國應該承更多的責任，56% 的民主黨人認為特朗普應該承擔更多的責任；但是高達 60% 的共和黨人認為中國應該承擔責任，只有 6% 的共和黨人認為特朗普的錯多一些。在中間派選民中，37% 認為中國的責任多，相比之下，24% 認為特朗普的責任多。Morning Counsult。

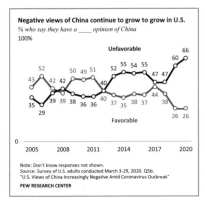

圖 12-1　是否對中國持有負面印象　　　　　　　圖 12-2　中國是否是主要威脅

效的團結選民的"凝固劑"，而針對新冠肺炎疫情的追責無疑是起到火上澆油的效果。

　　追責本身對中國的國際聲望必然是一次重大打擊。面對外部指責，《辛丑條約》和"庚子賠款"成了中國輿論中的熱詞，中國面對的潛在危機被同一百多年前清帝國遇到的最大的國際挑戰和恥辱相提並論。[1] 兩國間的負面情緒已經從政治層面迅速蔓延到民間層面。在主流意識的刻意推動下，輿論將成功被轉化為對華的仇恨，在政界和社會層面廣泛蔓延，從而進一步在更大程度上、更廣的範圍內與中國脫鈎。事實上，美國處於大選季節之時，非理性的言論很多，而"中國問題"也被裹挾在裏面。清華大學戰略與安全研

1　疫情爭論中的民族主義：辛丑條約和庚子賠款，2020 年 4 月 17 日，https://www.bbc.com/zhongwen/simp/chinese-news-52326236，accessed on 2020 年 4 月 20 日。

究中心主任傅瑩指出："這幾年美方的強硬勢力一直在利用有關中國的一手資訊在美國比較匱乏的情況，偷樑換柱地散佈被污染的信息，刺激輿論和政客對中國進行無端攻擊，這轉而刺激中方輿論做出強烈反應。輿論戰的輪番升級給了他們進一步打壓中國的抓手，把中國描繪成美國所有問題的替罪羊。"[1] 中美之間氣氛的毒化嚴重阻礙雙方合作，也打擊了全球信心。

1　劉品然，顏亮：《戰疫：觀察與鏡鑒｜清華大學戰略與安全研究中心主任傅瑩：美強硬勢力毒化中美合作》，2020 年 4 月 27 日，參考消息網，http://ihl.cankaoxiaoxi.com/2020/0427/2408726.shtml。

第十三章　中美經濟脫鈎

　　特朗普政府決意與中國脫鈎，特別是要在根本上剷除中國高科技供應鏈。在商業領域，特朗普政府強調要確保供應鏈安全，減少對中國供應鏈的依賴。而此次新冠肺炎疫情促使許多國家真實感受到，本國受制於牽一髮動全身的產業鏈，無法生產普通的口罩和防護服，因而開始重新審視產業鏈安全問題，將產業鏈安全與國家經濟自主權直接掛鈎。2020 年 2 月底疫情嚴重之際，美國貿易代表辦公室開始對從中國進口的口罩、醫用手套等幾十種醫療產品免除關稅。但此後在醫療器材以及藥品原料上，美國意識到依然要依靠中國，一旦供應鏈中斷就陷入相對無助的境地。因此，這一原本可以改善雙邊經貿關係的契機反而在事實上刺激美國進一步與中國脫鈎，以達到減少對中國醫療產品和藥品的依賴的目的。

　　中國目前生產了全世界所使用的大部分青黴素、抗生素和止痛藥，醫用口罩和醫療設備。近年來，中國製藥公司向美國供應了90% 以上的抗生素、維生素 C、布洛芬和氫化可的松，還有 70%

的乙醯氨基酚和 40%—45% 的肝素。[1] 正如美國國會眾議院外交事務委員會共和黨議員麥考爾（Michael McCaul）所說："我確實認為我們要審視我們的供應鏈，我們 80% 的醫療物資供應來自中國。如果我們在這樣的危機時刻還必須依賴中國，那麼當他們威脅我們，說要把我們置身於新冠病毒的地獄，拒絕提供醫療物資給我們，美國就必須重新審視，思考我們能否在美國製造這些產品。"[2] 白宮貿易顧問納瓦羅在接受採訪時也表示："中國已經成功地使用了與其他行業一樣的不公平貿易慣例來統治供應鏈的各個方面，這些廉價的血汗工廠勞工，寬鬆的環境法規和大量的政府補貼。""正如特朗普總統所說，我們需要做的是將這些工作帶回家，以便我們能夠保護該國的公共衛生以及經濟和國家安全。"[3]

事實上，2 月 27 日，參議員霍利就提出《醫療供應鏈安全法》，法案賦予聯邦食品藥物管理局（FDA）更大的權力，可以要求藥品和器械製造商提供採購信息，以保護美國醫療產品供應鏈免受疫情的衝擊。共和黨參議員盧比奧等人也一直在積極推動收緊 "購買美國產品"（Buy American）法，要求聯邦機構購買美國製

1　Ana Swanson, Coronavirus Spurs U.S. Efforts to End China's Chokehold on Drugs, March 11, 2020, https://www.nytimes.com/2020/03/11/business/economy/coronavirus-china-trump-drugs.html.

2　Michael McCaul, Coronavirus pandemic resulted from failure of Chinese leaders to act quickly, Fox News, March 28, 2020, https://www.foxnews.com/opinion/rep-michael-mccaul-now-more-than-ever-we-need-accurate-reporting-out-of-china.

3　Ana Swanson, Coronavirus Spurs U.S. Efforts to End China's Chokehold on Drugs, March 11, 2020, https://www.nytimes.com/2020/03/11/business/economy/coronavirus-china-trump-drugs.html.

造的藥品和醫療設備以減少對中國供應鏈的依賴。美國食品藥品管理局（FDA）3 月底緊急推出了新的"緊急使用管理"（Emergency-Use-Administration，簡稱 EUA），聲明表示可以從 6 個國家和地區接受滿足指定性能標準的呼吸器產品，而擁有強大醫療設備生產能力的中國並沒有被列入其中。

標準和質量很明顯並非是 FDA 將中國醫療產品排除在外的決定性因素。鼓勵製造業企業回流，確保價值鏈安全是特朗普政府所追求的長期目標。在疫情爆發之初，美國商務部長羅斯 2020 年 1 月 30 日在接受訪談時，就明確表示中國疫情"有助於"加速工作機會回流。[1] 在美國政府正在找尋辦法，以提振因新冠病毒大流行而陷入困境的經濟的大背景下，4 月 9 日，白宮首席經濟顧問庫德羅針對美國如何擺脫對中國製造業依賴的這一問題，建議美國政府為美國企業搬回美國提供一部分稅收抵扣，從而減少對中國製造業的依賴，同時緩解美國目前高漲的失業率。[2] 根據 4 月初全球製造業諮詢公司科爾尼（Kearney）發佈的第 7 次年度"回流指數"（Reshoring Index），2019 年美國國內製造的份額明顯高於產自 14 個亞洲國家的數量，其中自中國進口的產品受到的打擊最大。該諮詢公司預

1　Kevin Breuninger, China's deadly coronavirus could be good for US jobs, manufacturing, says Trump Commerce Secretary Wilbur Ross, January 30 2020, https://www.cnbc.com/2020/01/30/wilbur-ross-coronavirus-could-bring-jobs-manufacturing-back-to-us.html.

2　Josh Wingrove, Kudlow Says U.S. Should Allow Firms '100% Immediate Expensing', April 10, 2020, https://www.bloomberg.com/news/articles/2020-04-09/kudlow-says-u-s-should-allow-firms-100-immediate-expensing.

測，為了分散風險，遭到新冠病毒大流行重創的公司"將被迫更深入重新考慮其採購策略和整個供應鏈"，以擺脫對中國市場的依賴。[1] 近期美國哈里斯民意調查（Harris Poll）公佈的最新民調結果也顯示，69% 的受訪者贊成川普總統對華的強硬貿易立場，71% 的受訪者認為在疫情危機過後，美國製造商應撤出中國。[2] 可以說，美國國內從政界到商界、民間，在新冠肺炎疫情的催化下，更加認同"重新考慮佈局供應鏈，不將所有雞蛋放在一個籃子裏"。正如新加坡國立大學東亞研究所教授鄭永年所指出的，各個國家會重新去爭取對自己國家經濟主權的掌握，通過"產業回歸"的方式調整產業結構，將重要的、與安全民生相關的產業放回自己國家以及交通、溝通都相對方便的國家之中。美國對外關係委員會會長理查德·哈斯認為，由於供應鏈的脆弱性，國家將朝着選擇性的自給自足（以及隨之而來的脫鈎）邁出更大的步伐。可以說，新冠肺炎疫情下，醫療資源擠兌、醫療防護用品嚴重短缺，各國互相截留物資促使世界主要經濟體都開始考慮經濟主權回歸問題。這為特朗普政府推動企業撤回、產業鏈重組營造了獨特的正向推力。新冠肺炎疫情強化了各國的貿易保護主義情緒。細觀貿易戰以來，疫情爆發後，特別

1　Kearney Research report, Trade war sends Kearney US Reshoring Index to record high, foreshadowing test of supply chain resilience during COVID-19 pandemic, Apr 07, 2020, https://www.kearney.com/operations-performance-transformation/us-reshoring-index.

2　Zachary Evans, Poll: Americans Report Bipartisan Distrust of Chinese Government, Support for Tariffs, April 8, 2020, https://www.nationalreview.com/news/poll-americans-report-bipartisan-distrust-of-chinese-govt-support-for-tariffs/.

是蔓延至美國本土之後的美國政商界主流輿論，產業鏈本土化、供應鏈安全化已經成為美國民主共和兩黨的共識，朝野在此問題上的態度形成某種一致。

目前民主、共和兩黨就國家安全和技術的廣泛定義基本達成一致共識。中美在技術領域上的信息分享、技術支持與合作面臨終止。2019 年末，美國貿易部被賦予可以對美國企業行使新的權力，將在外國對手管轄下與 "過分威脅關鍵設施和數字經濟" 的技術產品生產商排除在美國的信息與通信（ICT）產業鏈之外。國務卿蓬佩奧 2020 年 1 月 13 日在硅谷發表演講，呼籲美國科技公司避免與任何可能會有利於加強中國軍事實力的中國公司合作。2 月初美國國防部長埃斯珀、眾議長佩洛西、國務卿蓬佩奧等人在出訪中亞、歐洲、非洲和出席慕尼黑安全會議時，不遺餘力地遊說歐洲盟友形成協調一致的對華技術抵制戰略，極力渲染來自華為 5G 的技術風險，警告歐洲國家，如果它們讓華為參與推出 5G 技術，將是 "選擇獨裁而非民主"。眾議院議長佩洛西（Nancy Pelosi）指出，"歐洲國家走了'非常危險'的道路，要求英國從允許華為部分參與其 5G 建設的立場上'及時回頭'"。2 月 13 日，華為被指控串謀從 6 家美國科技公司竊取商業機密。美國也試圖切斷華為的半導體供應，全世界所有有意使用美國設備為華為公司生產芯片的公司都必須獲得美國的許可。[1] 與疫情爆發之初相異，特朗普政府考慮阻止

---

1 焦點：美國考慮切斷華為的全球芯片供應　台積電也被瞄準，2020 年 2 月 18 日，https://www.reuters.com/article/us-china-huawei-chip-equipment-0217-idCNKBS20C02Q。

通用電氣公司向中國出口 LEAP-1C 航空發動機。特朗普政府已在 4 月初採取了包括對中國電信在美國運營資格的限制等一系列措施進行對華科技競爭。4 月 20 日美國商務部宣佈收緊對華出口管控限制。新規將賦予美國商務部官員更大的權力來阻止半導體、航空航天和其他工業領域的美國產品被運往海外。美國商務部官員表示，他們打算擴大 "軍事終端用途" 的定義。出口商基於這一定義來決定是否可以在未經政府審查的情況下發貨。擴大後的定義將包括那些支持或有助於軍事項目的操作、安裝、維修、徹底檢修、翻新、開發或生產的產品。這一舉措明顯旨在阻止中國等國獲得美國先進的武器、軍用飛機或監視技術。正如新美國安全研究中心（CNAS）最近發表的題為《全球供應鏈、經濟脫鈎與美中關係：美國視角》的報告所述，特朗普政府和美國國會一系列新政策正在導致美國和中國經濟長期脫鈎，華盛頓已經得出了北京早在幾年前便得出的相同結論 —— 從國家安全角度出發，關鍵技術的自給自足是絕不可讓步的底線。

與確保供應鏈安全和技術自主相配合的是，美國政府在人才流動和交流層面進一步誇大信息被盜取的風險。聯邦調查局局長克里斯托弗・雷（Christopher Wray）在 2020 年 2 月 6 日的演講中表示："來自中國的經濟威脅 '是多樣的'，指責中國正試圖通過 '任何必要手段' 竊取美國技術，包括中國情報部門、國有企業、所謂的私人公司、某些學生和研究人員以及其他相關人員都參與其中。"他誇大其詞指出："中國的間諜活動構成了 '整個社會的威脅'，包括教授、科學家和學生在內的'非傳統情報收集者'正在利用美國大學的開放環境。"目前"千人計劃"已經引起了華盛頓的高度關注。新美國安全中心高級研究員艾爾莎‧B. 卡尼亞（Elsa B. Kania）建議，要"通過整體評估，確保涉嫌違反美國法律或法規的學生或科學家接受正當法律程序。同時甄別確定與中國有聯繫的、從事人才招聘的孵化器和組織機構。監視其在美國和全球的活動，根據情況要求其註冊為外國代理人，同時適時與盟友和合作夥伴共享信息"。事實上，美國能源部 2019 年就禁止本部人員參與包括中國在內的幾個國家的人才招聘計劃。而美國國家安全部門已經開始以"保護知識產權"為由出手阻撓中美科研合作，甚至逮捕了一些業內知名的美國學者。2020 年初，哈佛大學的著名化學家查爾斯‧M. 利伯（Charles M. Lieber）因參與"千人計劃"受到聯邦檢察官指控。在公共衛生領域，早在 2018 年美國就暫停了與中國的"全球艾滋病"合作計劃，並且關閉了設在北京的國家科學基金會辦事處。隨後，在聯邦政府授意下，美國國立衛生研究院和疾控中心均陸續減少常駐北京辦事處的人員。[1]如同新美國安全中心艾希莉‧馮（Ashley Feng）指出："脫鈎只是與中國進行技術競爭的起點，而不是終點。"美方如上這些短期內在技術、商業交流和人才領域頻出的舉措，釋放出的信號是美國加快了對華技術的脫鈎和遏制步伐。

---

1 艾梅‧威廉斯，美議員試圖推動醫療供應鏈從中國遷回本土，《金融時報》，2020 年 4 月 3 日，https://www.ftchinese.com/story/001087090?archive。

第十四章　戰略施壓，模式之爭

與此同時，美國持續在政治上製造事端，在戰略層面繼續對中國施加壓力。在國際層面，在世界知識產權組織總幹事選舉問題上，中方候選人受到來自美國的阻力。在香港、西藏、台灣以及南海等涉及中國核心利益的問題上，美國不斷挑戰中國的領土主權和戰略忍耐力。繼 2019 年通過涉香港法案和涉疆法案之後，2020 年 1 月 28 日，美國國會眾議院通過 "2019 年西藏政策及支持法案"，此舉直接干預中國內政，無視中國政府意見，在未來藏傳佛教領袖十五世達賴喇嘛的繼任權問題上，鼓吹應由西藏人自己來決定。此後美國繼續加大對華打 "台灣牌" 的力度，美國借由新冠疫情的爆發，稱至少應該讓台灣以觀察員身份參加世界衛生組織的會議，以此提升台灣的國際地位。國會眾議院 3 月 4 日通過修正後的參議院版《台北法案》（*TAIPEI Act*，"2019 年台灣友邦國際保護及加強倡議法案"），該法案重點內容包括支持美台進一步強化雙邊經貿關係，支持台灣參與國際組織。同時在符合美國外交政策利益的情況下，美國將建立外交"賞罰制度"，對於採取嚴重或重大行動對台灣安全或繁榮造成傷害的國家，考慮"改變與該國的經濟、安全及外交接觸"。

在南海問題上，美國並未因中國受困於疫情而停止挑戰。中國農曆新年第一天，美國海軍"蒙哥馬利"號瀕海戰鬥艦擅入中國南沙島礁鄰近海域。此後 2 月 12 日和 2 月 15 日，美軍分別派出三架飛機繞台巡航、美國海軍一艘作戰艦由北向南穿行台灣海峽。此後，4 月 21 日，也即中美因新冠疫情展開口水戰、中美關係進一步膠着、同時美方疫情仍未得到控制的情況下，美國軍艦再度駛入南海爭議海域。這次駛入是在已有報道顯示美艦已經出現感染的情況進行的。美國各軍種已有超過 3500 名現役人員感染新冠病毒，其中海軍感染病例最多，"羅斯福"號、"羅納德·里根"號、"卡爾·文森"號、"尼米茲"號 4 艘航母均有確診病例。美國印度太平洋司令部發言人妮可·史威格曼（Nicole Schwegman）聲稱，美軍此舉是通過其在南海的持續存在，通過與其盟國的合作，促進航行和飛越自由，為印度太平洋的安全與繁榮維護基本的國際規則。[1] 此後 4 月 22 日，駐橫須賀的"巴里"號（USS Barry）經過台灣海峽。一天後，中國人民解放軍的航空母艦"遼寧"號穿越海峽。隨後 4 月 28 日，美海軍"巴里"號導彈驅逐艦未經中國政府

1　Edward J. Moreno, Navy Says Two Ships Deployed To South China Sea Amid Tensions, April 21, 2020, https://thehill.com/policy/defense/493878-navy-says-two-ships-deployed-to-south-china-sea-amid-tensions.

允許，非法闖入中國西沙領海。中國人民解放軍南部戰區組織海空兵力全程對美艦跟蹤監視、查證識別，並予以警告驅離。中國人民解放軍南部戰區新聞發言人李華敏大校表示，美方挑釁行徑嚴重違反有關國際法準則，嚴重侵犯中國主權和安全利益，人為增加地區安全風險，極易引發不測事件，與當前國際社會合力抗疫的氛圍格格不入。對此美國國防部長埃斯珀批評中國未能分享有關新冠病毒大流行的信息，[1] 而中方則指控華盛頓否認了中國為控制這種傳染病所做的努力。

此外，美國指責中國利用新冠肺炎疫情快速擴張在南海的實質支配權，鼓勵菲律賓和越南在此問題上強烈反彈。國務卿蓬佩奧在訪問中亞時煽動、扶植非政府組織從事反華活動，利用所謂的"新疆問題"挑撥中國和中亞國家之間關係。2 月末特朗普訪問印度期間與印度總理莫迪發表聯合聲明，表示要加強在印太地區的戰略融合，建立有意義的南海行為準則支持旅遊、航行與安全。這些都毫無疑問直接針對中國。3 月下旬，當美國及其盟友意識到迫切需要合作時，西方工業七國集團（G7）3 月 25 日舉行了外長線上會議，商討抗疫策略。由於美方在會上堅持要在聯合聲明中使用"武漢肺炎"來稱呼病毒，以及就疫情擴散指責中國，結果遭其他成員反對並否決聯合聲明，最終各國各自發佈自己的聲明。此後原本應該在

1　U.S. Pentagon Chief Criticizes China As Misleading, Opaque On Coronavirus, APRIL 16, 2020, https://www.reuters.com/article/us-health-coronavirus-usa-esper/u-s-pentagon-chief-criticizes-china-as-misleading-opaque-on-coronavirus-idUSKCN21Y1U0.

4月24日舉行的二十國集團（G20）第二次在線會議因中美兩國就世界衛生組織的問題發生激烈爭執，只好在最後一刻被取消。美國一直堅持要求世界衛生組織對處理新冠肺炎疫情爆發的早期活動負責，而中國則堅決拒絕討論調查世界衛生組織的提議。因此會議在最後一刻被取消了。

與戰略遏制舉動相配合的是，2月3日《華爾街日報》刊發了題為《中國是真正的"亞洲病夫"》的評論文章，該文章的標題和部分內容涉及嚴重的種族主義，由此種族主義指責進入了疫情期間的輿論爭議。該報拒絕道歉，進而升級為外交事件。此後2月18日，美國國務院將新華社、中國國際廣播電視台、中國環球電視網、《中國日報》社、《人民日報》社這5家中國媒體納入《外交使團法》的適用範圍，要求它們登記在美僱員和財產情況，並對他們的活動進行限制。在中國政府宣佈吊銷《華爾街日報》3名外國記者的記者證作為反制後，3月2日，蓬佩奧宣佈，對中國駐美5家官媒機構實行人員上限，中國籍僱員需要從目前的160人減少到100人。考慮到此前美方是第一個對中國公民採取全面限制措施的國家，而2月末中國外交部也提醒中國遊客切勿前往美國旅遊，這樣的循環往復的相互反制措施，可以看出中美雙方都沒有刻意克制測試對方的戰略忍耐力。

此外，美國和中國正就新冠肺炎疫情展開一場規模巨大的信息戰，這為兩國的全球競爭增添了一個新的維度。3月中，華盛頓數百萬社交媒體上突然出現"特朗普政府即將封鎖整個國家"的信息。這些信息在 48 小時內被廣泛傳播，以至於白宮國家安全委員會通過 Twitter 發佈聲明，稱它們是 "假的"。美國情報官員指責中國提供不良信息，並刻意放大，散播虛假信息。儘管中國外交部發言人趙立堅分別反駁了美國官員的指責。但仍有聲音指責中國通過刻意傳播，利用公眾對禁閉政策產生不滿，從而試圖擴大美國的政治分歧，擴大黨派分歧。包括保障民主聯盟（Alliance for secure Democracy）和新美國安全中心（Center for a New American Security）已經就 "中國散佈虛假信息" 展開研究。

除了在地區和雙邊層面持續製造政治事端，美國指責世界衛生組織一直以來過於信任中國政府，認為世衛組織總幹事譚德塞（Dr. Tedros Adhanom Ghebreyesus）在宣佈全球衛生緊急事件方面行動太慢。白宮指責世界衛生組織一直堅持為中國背書，過度強調中國之後所採取防疫措施的廣度和成效，因此掩蓋了中國疫情初期的重大錯誤。世界衛生組織因此被稱為 "中國衛生組織"。美國參議員盧比奧和克魯茲甚至直接要求譚德塞下台，共和黨籍眾議員瑞森紹爾（Guy Reschenthaler）提出決議案，呼籲美國國會凍結世衛捐助預算，直到譚德塞辭職下台，以及國際委員會針對世衛隱匿中國防疫不力一事展開調查為止。[1] 特朗普直接將美國因對疫情準備不足而釀成的悲劇歸咎於世界衛生組織和中國，指責世衛組織用政治壓倒

1　Tyler Olson, Republican resolution calls for defunding WHO until Dr. Tedros resigns, Fox News, April 7, 2020, https://www.foxnews.com/politics/gop-rep-calling-for-defunding-of-who-until-dr-tedros-resigns.

公共健康，致使造成巨大的生命損失，因此對外宣稱將暫停每年向世界衛生組織提供的高達 5 億美元的資助。同時特朗普指出，作為世衛組織的主要贊助方，美國有責任對世衛組織在疫情中的行為問責，並審查世界衛生組織在這次新冠病毒疫情中的處理方式是否得當。[1] 美國國務卿蓬佩奧 4 月 22 日還表示，世衛組織需進行結構性調整，改正其缺陷。美不排除要求更換世衛組織負責人，甚至可能自此停止向世衛組織提供資金。美國在停止世衛組織資助和展開針對世衛組織審查上的態度，一方面是對其傳統上在全球治理中領導地位的維護 —— 美國一直在努力維護其在全球和地球層面的主導角色；但更直接的目標是指向中國。中國在包括世界衛生組織等國際機構中的影響力一直在不斷增長，"這是中國更積極參與國際機構努力的一部分，這不會讓所有國家或所有參與者都滿意，但會影響世界衛生組織的議程。"[2] 華盛頓很明顯不希望看到中國在全球規則的制定上影響力的持續增強。

如果說就疫情污名化中國是美國國內政治的需要，經濟和技術的繼續脫鈎是此前經貿戰略的延續和升級，那麼雙方因體制不同而導致的中美模式之爭則成為中美關係未來面臨的更為棘手的挑戰。3 月初，中國疫情得以控制，但由於病毒本身的傳染性，以及

---

1 Coronavirus: US to halt funding to WHO, says Trump, 15 April 2020, https://www.bbc.com/news/world-us-canada-52289056.

2 黃嚴忠的訪問，赫海威，世衛組織為何被批為"中國衛生組織"？紐約時報中文網，2020 年 4 月 9 日，https://cn.nytimes.com/world/20200409/trump-who-coronavirus-china/。

各國政府差異化的治理與反應能力，以美歐發達國家為主的西方國家陸續成為主要的疫情爆發區域。疫情之下，中美採取了完全不同的抗疫模式，中國以巨大的經濟發展作為犧牲，採取了廣泛的社會動員、舉國隔離的措施，有效地遏制了病毒的急劇擴散。中國這種舉國體制在抗疫過程中所體現出來的有效性，被認為是一種切實的制度優勢。相比之下，美國新冠病毒感染測試的能力遠未達到副總統彭斯承諾的水平。部分原因是 2018 年在經費緊縮過程中，特朗普總統削減了疾控預防中心 80% 的經費，並凍結了美國疾控預防中心的 700 個空缺崗位。[1] 同時，白宮國家安全委員會原本設有全球衛生安全小組，負責主導美國的防疫政策，領導各層級衛生部門，與世界衛生組織協調防疫，但 2018 年在前國安顧問博爾頓（John Bolton）的指示下，小組被解散。如美國政治學者福山所說，美國這次抗疫不力並非美國體制之故，美國總統要負更大的責任。

在此情況下，特朗普政府急迫需要為本國政府在初期應對不足尋找替罪羊。鷹派利用人們對新冠病毒的恐慌，譴責中國沒有適時披露真實數據和情況，同時就集權專制、限制人身自由和言論自由批評中國。3 月 8 日《紐約時報》先後僅僅相隔 20 分鐘發佈的兩條推文顯示：意大利 "封城" 是 "冒着經濟風險遏制病毒在歐洲肆虐"，而中國 "封城" 是 "以犧牲人民生計和自由為代價"。美國

1　Sonam Sheth & Gina Heeb, Trump spent the past 2 years slashing the government agencies responsible for handling the coronavirus outbreak, Feburary 26, 2020, https://www.businessinsider.com/trump-cuts-programs-responsible-for-fighting-coronavirus-2020-2.

國家安全顧問奧布萊恩（Robert O'Brien）3 月 11 日指責中國掩蓋疫情真相，耽誤了世界兩個月時間。彭博社伊萊·雷克（Eli Lake）指責中國政府因缺乏信息透明和制度在本質上也是病毒最初爆發的主要原因。

從根本上來說，新冠疫情凸顯了不同的政府能力以及由此帶來的差異化的防疫效果，美國和中國的輿論分歧顯然已經超出醫學討論範疇，本質上涉及到兩國社會和政治差異。中國越是弘揚 "舉國體制" 的優勢，越是認為舉國體制可以成為一個成功的典範，美國政界和主流智庫就愈加擔憂。如同《紐約時報》的報道分析所述，有些西方人開始反思和加強政府能力的建設，鍾愛大政府，但如果中國藉此疫情把自己的價值觀打造成普世版價值，把中國塑造成公開透明負責任的大國形象，乃至和美國爭奪全球領導者的角色，則無疑會遭到西方國家的強力阻擊。這次疫情會使得中國和西方之前的隱形對立顯著化。[1] 這一方面是中美近年來政治和經濟力量對比發生變化的結果，也同樣將繼續推動兩國政治和經濟力量深刻轉變，進而帶動世界秩序的調整。這些轉變會在不久的將來逐步顯現。

1　鄧聿文：這場疫情，如果西方輸了怎麼辦？紐約時報中文版，2020 年 4 月 14 日，https://cn.nytimes.com/opinion/20200414/coronavirus-china-us/，accessed on 22 April, 2020。

第十五章　疫情後的中美關係走向與澳門發展

　　特朗普執政以來，中美關係進入新常態，美國政府對華政策的主基調是戰略競爭。布魯金斯學會東亞政策研究中心研究員林賽·福特（Lindsey Ford）在 2020 年 2 月 7 日的報告表明："華盛頓的決策者和專家已經就中國問題達成了新共識：接觸戰略已死，戰略競爭永存。"[1] 新美國安全研究中心 2 月初發佈了《曠日持久的大國戰爭》的研究報告，該報告建議美國對華戰略應從 "縱向升級向橫向升級演變"，美國應主動擴大對華競爭範圍，在太空、網絡、深海等新空間限制對手的行動範圍，在輿論、經濟、生物等綜合領域

1　Lindsey Ford, Order From Chaos, Refocusing the China debate: American allies and the question of US-China "decoupling", February 7, 2020, https://www.brookings.edu/blog/order-from-chaos/2020/02/07/refocusing-the-china-debate-american-allies-and-the-question-of-us-china-decoupling/ accessed on 25 April, 2020.

遏制對手的發展潛力。[1]而目前，在疫情的催化下，中美雙方的對抗已經從經貿和軍事領域的競爭擴大和深化到政治和價值理念的對抗衝突。

值得指出的是，如上言論並非局限於共和黨的主流觀點，也並非限於鷹派的基調。負面情緒在民主和共和兩黨的群體中均急劇上升，親共和黨的群體對華負面看法達到歷史性的 72%，而民主黨群體對華負面看法也首次突破了半數至 62%。[2]美國的主流智庫以及媒體甚至呼籲美國政府對中國採取更強烈的政策，多位總統候選人也都發表了抨擊中國的言論，拜登表示，"一旦當選，我會對中國採取很強硬的措施，特別是會加強跟美國的同盟關係來共同應對中國"。可以說，美國國內的主流觀點在對華政策問題上形成一致、互相呼應，在疫情催生和激化出的民間仇華情緒下，加上美國朝野中長久以來固化的對中國的負面印象，美國政府將不斷強化對華競爭戰略。

基辛格指出，新冠疫情將一勞永逸地改變世界，國際關係格局會發生根本性變化。新加坡國立大學東亞研究所教授鄭永年認為此次疫情對世界的影響，可以用"史無前例"來形容。整體而言，中

---

1 Andrew Krepinevich, Jr. Protracted Great-Power War--A Preliminary Assessment, February 05, 2020, https://www.cnas.org/publications/reports/protracted-great-power-war, accessed on 22 April, 2020.

2 Kat Devlin, Laura Silver And Christine Huang, U.S. Views Of China Increasingly Negative Amid Coronavirus Outbreak, April 21, 2020, https://www.pewresearch.org/global/2020/04/21/u-s-views-of-china-increasingly-negative-amid-coronavirus-outbreak/.

國對美國的不信任和反感達到了中美建交 41 年從未有過的程度。[1]
而新冠肺炎疫情的爆發促使中美關係朝着戰略競爭的方向發展。美
國在應對新冠病毒時採取短期、零和、競爭的方式，導致中美共同
面對生存威脅時，並沒有促使雙方擱置競爭和分歧，合作應對共同
的災難。目前並未看到能重現美蘇冷戰期間逾越地緣政治和意識形
態的對立、支持聯合國消滅天花的歷史，也難以複刻 2014 年中美
共同抗擊西非的埃博拉疫情的經歷。地緣政治和意識形態取代了數
年來全球化催生的正和思維。中美貿易戰將極大可能進一步升級，
美方加緊遏制中國技術創新，刻意割裂全球價值鏈，進一步固化中
美兩國政府和社會的相互認知，在價值體系和意識形態層面雙方深
刻對立。新美國安全中心主席理查・方丹（Richard Fontaine）2020
年 3 月 20 日指出："此次新冠疫情並未促使中美在波及世界的傳染
疾病這一非傳統安全領域展開技術合作，反而成為大國競爭的又一
焦點。反映出中美之間的激烈競爭已經不會因共同利益而擱置分
歧、展開合作。"

　　民族主義和保護主義確實不能重建全球經濟，也不能與波及世
界的大規模傳染病作鬥爭，商品、人員和服務的有序流動也需要新
的國際共識和更廣泛的合作視野。但在當前的疫情下，建立在有偏
見的價值體系對立和意識形態衝突基礎之上的民族主義和保護主
義，被美方認為是可以有效成為穩固其保守陣營，確保贏得大選的

1　王緝思：新冠疫情下的中美關係，2020 年 4 月 8 日，http://www.ccg.org.cn/Expert/View.
aspx?Id=12416，accessed on 20 April, 2020。

重要利器。正如清華大學戰略與安全研究中心主任傅瑩接受《參考消息》的訪談所指出的："中美合作在防控疫情方面並不理想，原本可以更好。美國國內的強硬勢力要咬緊與中國的戰略競爭，不想讓雙方開展抗疫合作的需求緩和競爭，打亂他們所謂的'戰略部署'。相反，他們還在試圖借機強化競爭。"[1]

不可否認，目前美國國內依然還有呼籲中美合作的聲音，比如美國駐華使館在其官方網站上刊發美駐華大使布蘭斯塔德的文章，呼籲中美兩國"向前同行，繼續找出共同合作的方法"。康奈爾大學中國專家兼貿易政策教授埃斯瓦爾·普拉薩德（Eswar Prasad）表示兩國應該聯手對抗新冠疫情以及其對經濟活動和金融市場造成的破壞。民主黨聯邦眾議員吉姆·麥戈文（Rep. Jim McGovern, D-MA）也表示擔憂共和黨人在對中國採取調查的做法將引起種族歧視，甚至種族仇恨。他指出在面對世界性危機的時刻，如今不是找替罪羊的時候，而是我們在國際上共同努力的時刻。4 月 3 日，近百名美國前高官和專家發佈題為《拯救美國、中國和全世界的生命》的聯名公開信，呼籲"當前世界處於百年一遇的全球病毒大流行之中，威脅着數十億人的生活與生命，這種冠狀病毒跨越國界與國籍。沒有美中之間某種程度的合作，抗擊病毒的努力都不會成功"。信中提出了一系列適用的合作領域，包括在 G20 論壇等框架內，建立

1　劉品然，顏亮："戰疫：觀察與鏡鑒｜清華大學戰略與安全研究中心主任傅瑩：美強硬勢力毒化中美合作"，2020 年 4 月 27 日，參考消息網，http://ihl.cankaoxiaoxi.com/2020/0427/2408726.shtml。

清晰透明的機制來共享相關科學數據、協調用於疫苗和治療研究、測試、生產和分配的資金和臨床試驗等。這封信的簽名者涵蓋了美國對華政策屆的諸多重要的"鷹派"與"鴿派"學者。這說明即使是主張中美競爭的對華強硬派人士，也認識到中美合作的重要性。與此同時，在民間、學界、商界中美依然着有着廣泛的合作。中美兩國的科學家與醫生從 2020 年 1 月起到現在，一直進行着密切的溝通與合作。中國政府以及中國企業也在持續為美國提供幫助。這些可以被視為積極的因素，在一定程度上為雙邊關係的持續發展提供了重要支撐。

遺憾的是，這些聲音和舉措的效果相較目前的主流輿論略顯單薄。[1] 中美關係已經從原有的經貿分歧上升到各自的核心利益之爭，將原有尚不尖銳的人文紛爭擴大到各自捍衛和關注的核心價值分歧。美國在全球治理中曾扮演的領導地位面臨挑戰，中國政府的治理能力和治理模式同樣受到懷疑。而中國的主流輿論已不再對美國的反華言論高度容忍，用"亮劍"和"戰狼"取代了此前的低調和韜光養晦原則。從這個意義上來說，中美關係因新冠疫情進入"加護病房"，即便未來經濟關係基本恢復，兩國在價值和核心利益的撕裂在可預見的將來難以短期內彌補，將以一種更為微妙和隱晦的方式在根本上阻滯中美關係的順暢發展。

---

1 Michael Crowley, Edward Wong and Lara Jakes, Coronavirus Drives the U.S. and China Deeper Into Global Power Struggle, The New York Times, March 22, 2020, https://www.nytimes.com/2020/03/22/us/politics/coronavirus-us-china.html.

中美疫情膠着戰中的澳門

作為 2020 年初又一隻"黑天鵝"，新型肺炎疫情打破了澳門經濟的脆弱平衡。對於開局之初的新一屆特區政府，此次疫情可謂一次重大考驗。總體來看，特區政府前期抗疫工作快速而精準，應對得當，展現了魄力和能力。儘管疫情控制得當，但是澳門面臨的主要問題是支柱經濟遭受重創。大灣區是國家對外貿易重鎮，在中美博弈和"逆全球化"、本土主義盛行的大背景下，所受到的影響不可低估。

如前所述，澳門經濟中博彩業"一業獨大"。由於相對單一的博彩旅遊產業結構，澳門經濟資源、消費人群和服務市場高度外向依賴，特別是內地。內地是澳門旅遊、博彩業最大的客源地。回歸 20 年來，澳門遊客總量增長 400%，其中 70% 客源來自內地。按照澳門統計暨普查局數據，2019 年全年，澳門 3941 萬入境旅客中，中國內地旅客佔 71%。可以說內地是與澳門聯繫最為密切的經濟體。也正因此，內地經濟環境變化、出入境政策調整都會對澳門經濟造成較大影響。為了應對疫情，中央採取了較嚴的人員流動管控舉措。國家移民管理局 2020 年 1 月 28 日宣佈即日起全國公安機關出入境管理部門暫停受理、審批、簽發內地居民赴香港、澳門團隊旅遊、個人旅遊（含深圳"一週一行"）簽注，恢復時間將另行發佈。這意味着內地赴港澳旅遊團和自由行遊客均已暫停，只有親屬團聚、商務簽注方可赴港澳。此舉對澳門經濟影響極大，幾乎等同於澳門的經濟命脈被暫時掐斷。相比 2019 年春節"黃金週"內地赴澳旅遊人數超過 120 萬，2020 年由於疫情，澳門新春"黃金週"整體出入境人數同比下降 61.3%，整個澳門旅遊、博彩場所空蕩冷清，損失慘重。行政長官賀一誠在其施政報告中也提到，"今年初新冠肺炎疫情發生後，博彩旅遊業大幅度下滑，進而衝擊其他相關行業，再次充分暴露了澳門經濟過度依賴博彩旅遊業的脆弱性和巨大風險……"政府致力推動的會展業和文化創意產業佔本地生產總值（GDP）的比重均不到 1%，而博彩業的比重仍高達 50%。澳門博彩監察協調局在其網站公佈，澳門 3 月的博彩收入為 53 億澳門幣（約 6.64 億美元），下跌 79.7%，而 4 月賭收 7.54 億元，按年下跌 96.8%。

儘管行政長官賀一誠強調"不惜代價防控新冠肺炎疫情，不惜代價採取一切必要的措施維護穩定，穩定經濟，穩定就業，穩定居民的生活，穩定壓倒一切"。自疫情爆發後，特區政府也出台多項紓困政策對沖疫情影響，包括對中小企業資金周轉提供支援、降稅減費、加大基建投資等；同時向每名永久居民派發 1 萬澳門元（1253 美元）。但是由於旅遊博彩業是澳門的支柱產業，澳門歷年財政收入的 80% 以上來自旅遊博彩業，40% 以上的就業人口分佈在博彩及其關聯產業，近年經濟適度多元發展出的亮點產業都是以博彩業為核心上下左右的衍生產業鏈。各行各業嚴重依賴博彩業或者遊客。因此，遊客劇減將全面衝擊澳門經濟社會的所有領域，如果疫情持續，諸多中小企業很可能堅持不住，大面積歇業，引發較大規模的失業潮。

如果僅僅是在公共衛生和全球大規模傳染病控制的層面，疫情對經濟的衝擊應是一次性、可恢復的。但是，如上文所述，貿易戰令中美這兩個世界上最大的經濟體日漸疏遠。世界經濟將極有可能因中美經貿關係的漸行漸遠而面臨割裂，技術研發分庭抗禮，產業鏈、價值鏈劃區而治，經濟全球化無可避免地倒退、逆轉。真實地揭示了即便在大規模傳染病和氣候變化等跨國非傳統安全問題上，中美並不能基於共同的利益以及抗疫需要，開拓合作空間。新冠肺炎疫情進一步激化了中美之間包括政治、價值以及制度層面的矛盾，催化了深層矛盾的爆發。因此澳門發展在努力改變博彩業一業獨大的情況下，還不得不面臨一個存在諸多不確定因素的外部環境。

疫情蔓延至全球的大背景下，全球需求減弱已超過中美貿易摩擦，由此進一步催生保護主義盛行及全球經濟放緩。同時，數據也顯示疫情短期內對經濟產生了顯著衝擊，由於抗疫需要，今年也將是澳門治權移交 20 年以來，首次出現赤字預算。即便疫情過去，自由行恢復，澳門的經濟在一定程度上仍然取決於能夠企穩向好的整體中國經濟。值得指出的是，在中央部署下，根據《粵港澳大灣區發展規劃綱要》，國家發展改革委員會已同有關方面積極支持在橫琴設立粵澳深度合作區，構建粵澳雙方共商共建共管的體制機制，珠澳合作開發橫琴的方向已經明確。

儘管有聲音指出由於在疫情衝擊下，特區政府和社會各界主要聚焦本地防控工作，與內地特別是與珠海橫琴的合作事宜將處於停頓狀態，粵澳合作與粵港合作一樣，都將進入冰點。事實上，粵港澳灣區大戰略下的珠澳合作並未停滯。澳門、珠海兩地政府 2020年 3 月 18 日零時在橫琴新口岸旅檢大廳一樓舉行了橫琴口岸澳方口岸區移交儀式。總面積為 66428 平方米的橫琴口岸澳方口岸區及相關延伸區旅檢區域正式移交澳門特別行政區，適用澳門特區法律管轄。4 月 9 日，珠海橫琴"澳門新街坊"項目土地出讓簽約儀式在線上舉行。該項目是內地第一個為澳門居民專門打造的，集居住、教育、醫療等功能於一體的綜合民生項目，總建築面積 42.2萬平方米，可提供約 4000 套住宅，運作模式和整個保障體系均採用澳門標準。該項目也納入了《粵港澳大灣區發展規劃綱要》，支持珠海和澳門在橫琴合作建設集養老、居住、教育、醫療等功能於一體的綜合民生項目，目的在於讓在橫琴工作、生活的澳門居民可享受到與澳門本土相當的社會服務，分享橫琴自貿區建設紅利，同時緩解澳門土地資源缺乏的難題。行政長官賀一誠新的施政綱領中也強調了諸多澳門與橫琴協同發展的路徑和措施，如推進澳門世界旅遊休閒中心建設，與橫琴國際休閒旅遊島聯動協同發展；調整粵澳合作中醫藥科技產業園發展路徑和模式，發展大健康產業；爭取降低澳門銀行、保險等金融機構准入門檻，實現橫琴與澳門之間資金自由進出等。因此，在諸多不確定因素中，粵港澳灣區大戰略扮演着穩定劑的角色。隨着疫情的逐漸受控，珠澳、特別是橫琴與澳門之間的協同發展進一步深化，整體工業生產、剛需型消費逐步恢復，內地遊客對澳門產品和服務的需求也將逐步恢復，從而減弱澳門經濟因疫情所受到的重創。

第六篇

未來展望及政策建議

　　自 2018 年 3 月起，以美國總統特朗普簽署總統備忘錄向中國進口商品徵收關稅為標誌，中美兩個大國之間展開了一場曠日持久，且迄今仍未有緩和跡象的貿易戰。這場史無前例、聲勢浩大的中美貿易戰給雙方經濟、政治、外交等多方面都打下了烙印，也深刻地影響着世界格局的走向。

　　在中美貿易戰中，特朗普試圖通過向中國政府施壓，實現讓美國公司在中國擁有更公平商業環境的政治承諾，但關稅的增加令在華經營的美國公司不得不削減在華業務或將生產線遷出中國，影響了其相關經濟利益。之後，貿易戰從起初有限的衝突，開始陷入漫長且代價高昂的惡性循環。國際貨幣基金組織在 2018 年發佈《世界經濟展望》，明確指出美國所採取的關稅遏制措施會使得經濟復蘇進程脫軌，而基於規則的多邊貿易體系也面臨着崩潰的危險[1]。而之後的兩年，全球經濟陷入了同步放緩的境地，經濟增長率被多次下調。與此同時，世界貿易規則也被改變，中美這兩個世界上最大的經濟體正在進一步疏遠，世界兩極化趨勢開始凸顯。

　　2021 年，中美貿易戰開始進入了一個新的階段。一方面，2020 年突發的世界範圍內的新冠疫情，促使中美雙方都不得不暫時擱置中美貿易衝突，轉為國內疫情防控和有限的國際合作中，中美雙方經濟開始出現走弱趨勢，至今仍處於較慢的恢復期中，這給兩國貿易戰增加了不少的未知空間；另一方面，美國大選後以拜登

1　https://www.imf.org/zh/Publications/WEO/Issues/2018/03/20/world-economic-outlook-april-2018.

為領導的民主黨再次執掌美國政局，美國對華政策因此而能發生多大的變化，各方也仍在觀望中。

　　同時，香港地區也在中美貿易的摩擦當中愈陷愈深，由於香港地區獨特的地位，香港的經濟貿易、高科技領域、金融領域和民主價值領域都成為中美博弈的要點。可以說，香港是中美貿易摩擦的一個濃縮的戰場，甚至是一個極為重要而不可忽視的戰場。

　　在這種大變局之中，我們將如何理解中美在香港的爭奪？如何看待這樣一場中美貿易爭端的發展？它的階段性影響有哪些？未來這場貿易爭端的走向會是怎樣的？這正是我們需要關注的重要問題。

第十六章　中美貿易戰與香港

　　美國曾在 1992 年通過了《美國－香港政策法》，該法案授權美國政府在香港主權移交後繼續在貿易上給予香港與中國內地不同的待遇。根據該法案，美國對香港的特殊政策主要有三個方面：一是香港具有獨立的關稅地位；二是香港可以獲得美國的技術轉讓；三是美元與港幣之間可以自由兌換。在中美貿易戰的博弈期間，美國與中國圍繞香港問題進行了多輪博弈，在極大範圍內這種博弈都是環繞着該法案中關於香港的特殊政策所進行的。

　　從根本上來說，美國對於香港獨立關稅區問題上的態度和採取措施的轉變僅僅是一個表面，其背後是美國借用香港特區作為向中國政府進一步施壓的重要戰略支點，其背後反映了雙方的經濟貿易領域之爭、高科技領域之爭、金融領域之爭和民主價值觀之爭。可以說，香港是中美之間爭奪的一個主要戰場，也是中國政府始終堅守、寸步不讓的重要戰場。

（一）經濟貿易領域

　　《美國—香港政策法》在最初設定上就留有一定的政策開口，即如果香港被確認為其自治狀態與中國其他地區無差異，那麼美國總統是可以授權其行政部門單方面取消香港的獨立關稅區（separate customs territory）地位，並且終止中國通過香港取得美國敏感科技技術的管道。正是基於此政策開口，2020 年 7 月 29 日，美國商務部正式宣佈取消對香港的特殊相關待遇，在眾多影響中經濟貿易領域首當其衝。

　　就目前情況來看，美國所採取的這一舉措對美國經濟貿易的負面影響是非常嚴重的。根據香港特別行政區工業貿易屬數據，美國與香港是重要的貿易夥伴，但是細分下來這種夥伴關係並不完全對等。2018 年，美國與香港的雙邊商品貿易總額約為 750 億美元，其中，香港特區向美國的整體出口約為 455 億美元，而從美國的進口則為 295 億美元。也就是說，香港是美國重要的出口市場，但美國並不是香港特區主要的進口貿易夥伴。在 2019 年中美貿易戰期間，香港地區大幅度減少了向美國的出口，尤其是從中國內地向美國的轉口商品的出口業務，但相比之下香港地區從美國的進口商品減少的幅度略低。正如香港特區政府 2020 年對外公佈的："過去十年，美國在香港賺取的貿易順差是其全球交易夥伴中最高的。在 2009 至 2018 年期間，相關貨物貿易順差的累計總額達 2970 億美元。在 2019 年，由於中美貿易摩擦，相關順差已由 2018 年的 314

億美元減至 264 億美元。"[1] 與美國—中國巨額的貿易逆差所不同
的是，美國在香港是貿易順差，但該順差額度在中美貿易摩擦之後
急劇縮小。受此牽連的還有美國廣大的出口商，以及美國在香港的
1300 家企業。這也從某種意義上說明，美國對香港政策的改變，
損失的也包括美國國內經濟和美國的出口商。

　　雖然美國在中美貿易之中針對香港的經濟貿易有過多番制裁，
但這對於香港本地經濟的直接影響來說比較小。香港特區的製造業
規模相當小，並沒有較多本港製造的產品，而每年可以出口到美國
的數量就更少之又少。根據測算，香港本地貨物出口到美國的只佔
本地製造業的不到 2%，其價值佔本港總出口的不到 0.1%。並且有
意思的是，香港產品的出口竟然在中美貿易戰之後還出現了增長，
雖然幅度比較小，但這在香港—美國全面進出口貿易緊縮的情況
下依然是一個不小的積極方面。

表 16-1　香港與美國的貿易摘要

以港幣十億元計（十億美元）				
	2018	2018/2017 的變動百分比	2019	2019/2018 的變動百分比
港產品出口	3.6（0.5）	+5.1	3.7（0.5）	+0.9
轉口	353.2（45.1）	+8.1	300.3（38.3）	-15

1　https://sc.news.gov.hk/TuniS/www.news.gov.hk/chi/2020/05/20200529/20200529_101747_26
　0.html.

以港幣十億元計（十億美元）				
	2018	2018/2017 的變動百分比	2019	2019/2018 的變動百分比
整體出口	356.8（45.5）	+8.1	304.0（38.8）	-14.8
進口	231.1（29.5）	+8.1	212.9（27.2）	-7.9
貿易總額	587.9（75.0）	+8.1	516.9（66.0）	-12.1

圖表來源：香港特別行政區政府工業貿易署新聞公報，https://www.tid.gov.hk/sc_chi/aboutus/publications/factsheet/usa.html。

毋庸置疑的是，從間接層面香港經濟貿易的整體發展情況還是受到了中美貿易戰的影響。由於香港享有獨立於中國內地的關稅區地位，這使得很多中國外貿商品可以從香港轉口，也使得長期以來香港承擔了美國與中國內地之間商品貿易的重要轉口港的重要責任。據統計資料顯示，在香港特區向美國的出口商品中，約90%以上均為內地經香港到美國的轉口貨物。而中美貿易紛爭之後，該部分商品正是受到最大影響的部分。僅在2019年，由內地通過香港到美國的轉口貿易就減少了15%。從表面上來看，中美貿易戰之後，香港地區的進出口貿易中是中國內地的出口貿易減少，但這對於依靠進出口及轉口貿易的香港經濟來說，無疑是一個巨大的打擊。作為一個地區面積受限，產業結構單純依靠第三產業的香港特區來說，其經濟發展本身就極易受到外部環境和突發事件的影響。尤其是在2019年，香港特區面臨着內部社會動亂和外部中美貿易摩擦升級的雙重壓力，經濟出現了明顯的下滑趨勢。根據香港特區政府的統計資料顯示，2019 年香港經濟出現了自 2009 年以來的首次負增長。2020 年在全球經濟復蘇減緩的惡劣局勢下，香港經濟又再次飽受新冠肺炎疫情的衝擊，與消費和旅遊相關的行業受到重創，本地生產總值（GDP）同比下跌 6.1%，為 1961 年有記錄以來最大幅度跌幅[1]。

但從長期發展來說，中美貿易摩擦使得香港逐漸開始尋找其他重要的貿易夥伴，可以有效幫助香港經濟增強抵禦外部風險的能力。對內，香港特區長期與中國內地保持着密切的貿易往來，也在國家 "十四五" 計劃提出雙循環戰略之後，更加深度耕耘國內的消費和投資市場。2019 年，整個中國的社會消費品零售總額接近 6 萬億美元，與美國消費規模不相上下，這對於香港諸多的進出口商和企業來說無疑是一個巨大的潛在市場。對外，香港特區不斷耕耘周邊市場，也努力拓展自由貿易協定網絡。比如，香港特區已經將東盟發展為其重要的貿易夥伴，在 2020 年 12 月生效了香港—東盟自貿協定及投資協定，也已經在該地區開設了三個經貿辦事處，出台相關企業資助計劃。並且香港已經與包括東盟、澳洲等在內的 20 個經濟體簽訂了八份自貿協定。這些舉措對香港特區抵禦中美貿易摩擦的外部影響具有重要的積極作用。

---

1 https://economy.caixin.com/2021-01-29/101657980.html.

（二）高科技領域

中美貿易摩擦的實質核心在高科技領域的爭奪。由於香港的特殊地位，一些對中國禁運的海外高科技產品可以通過這裏進口到中國內地，也包括美國向香港出口的一些敏感或軍民兩用技術。因此，美國對於香港特別待遇國地位的終止，將主要影響高科技產業，這涉及到香港本地的高新科技產業發展和中國內地的相關產業，且這種制裁措施的影響仍然有非常多的未知之數。

一個具有典型意義的例子就是半導體。長期以來，中國都是半導體產品的最大消費國，也是重要的進口國。但由於半導體產品的特性，其價格極易受到外界影響而產生波動，而香港特區由於港元與美元掛鈎、獨立關稅政策和運輸便利等原因，在中國半導體進出口貿易中具有獨特的優勢。據 IC Insights 統計，2019 年中國 IC 市場的總價值高達 1250 億美元，而中國內地的產值僅有 195 億美元，佔比 15.6%，絕大多數都是依靠進口，且多途經香港。美國宣佈單方面取消對香港"獨立關稅"的待遇，這必然導致半導體產品不可以通過香港向中國內地出口，會極大拉高半導體產品的物流成本和稅務成本，會對內地的半導體產業發展具有一定的影響。從這方面來看，香港無疑是美國用來打擊中國科技發展的一個重要借力點。中美貿易摩擦當中的香港，並不是一個簡單的經濟貿易考量，而是重要的政治算盤，是中美兩國的政治角力。

當然，這種影響是有限的，這主要是因為中國具有一個龐大的且難以取代的消費市場。在目前全球 15 家最大的半導體企業中，大部分企業面向中國的產品銷量是超過面向美國的產品銷量的。中國基本可以吸收全球超過一半的半導體產品。當然，作為全球最大的集成電路出口地和重要的半導體進出口地，香港特區自身的高科技領域進出口業務是受到波及的。在中美貿易摩擦中，諸多半導體公司對於是否繼續採用通過香港向中國內地經銷產品是持有關注的姿勢。這其中就包括韓國。香港是韓國半導體的四個主要進口地區之一。2019 年，韓國半導體產值中有 222.87 億美元出口香港，其中 90% 以上是轉口到包括華為、OPPO 等在內的中國內地企業。

另外一個需要關注的是科技巨頭公司。多年以來，由於中國內地的政策限制，包括谷歌和臉書在內的一些科技巨頭公司都紛紛進駐香港，寄希望可以通過香港來進一步打入中國市場。但是，中美貿易戰向科技戰的演變趨勢逐漸波及香港，使得香港已經不適合作為進可攻退可守的等待之地，西方巨頭科技公司均面臨着是否在香港撤退的問題。目前，一些公司已經停止將資料交給當局。中國企業來說也面臨着同樣的情況。香港是中國科技公司向海外市場邁進的重要一步，也是其測試是否可以與國際市場規則對接的一個重要環節。而美國的制裁也促使一些中國企業不得不在香港停止業務，例如字節跳動旗下的 TikTok 在香港下架。

雖然，香港本地的創新科技發展會在未來一段時間內被迫放慢步伐，但中美貿易也無疑給香港與內地的科技創新之路提供了新的視角。香港地區具有世界一流的、頂尖的科研實力，尤其是在生物醫藥、人工智慧等領域，也具有國際性的、先進且完備的創新生態圈，在營商環境、智慧財產權保護等方面有突出的表現，這就使得香港自身就具備吸引全球高科技資源的巨大吸引力。這完全可以與中國內地廣闊的消費市場、雄厚的製造業等形成互補。在充分發掘雙方的相對優勢的基礎之上，香港特區與內地城市非常有希望可以共建涵蓋上、中、下游的創科產業鏈，共同打造國際科技創新中心。近年來，香港特區與灣區城市在科技發展方面的合作，已經明確與中國站在統一戰線，攜手共同抵禦以美國為首的西方科技制裁。

（三）金融領域

香港，是國際著名的金融中心，也是中國的國際金融中心，是對中國具有極大經濟政治意義的金融平台。香港承擔着中國與外界金融橋樑的重要任務。中國的諸多國營、私營企業均在香港設立總部，通過香港金融市場進行融資，而許多國際企業也藉助香港金融平台來逐步打開中國廣闊的消費市場。中美貿易摩擦中，香港國際金融平台的特殊位置也使得其成為中美博弈的一個焦點。當然，這個影響也是無可估量的。

對於中國來說，香港是中國公司上市融資的首選地，也是中國大公司全球併購的平台。根據普華永道集團（PWC）2018 年的數據，儘管香港作為金融中心的地位受到上海和深圳的挑戰，但是近六成的中國公司首次新股上市（IPO）仍選擇在香港，其數量達到354 例。彼得森國際經濟研究所的研究報告指出：“中國內地企業通過香港進行投資，就是為了利用香港良好的監管環境和可用的專業服務。"中國官方 2017—2018 年度的數據顯示，在中國內地全年所獲得的 1250 億美元外來直接投資（FDI）中，990 億通過香港流入，佔總外來投資的 80%。與此同時，在可預期的未來，香港將依然在全球併購方面發揮重要的作用：70% 的中資 IPO 企業在香港，是中國內地最重要的外資引入管道。自 2019 年 6 月動亂以來，港股蒸發 6000 億美元，其中中資佔很大比例。日後，它是否還能承擔中國的國際金融中心地位，對中國有極大的經濟政治意義。

在中美貿易摩擦中，雖然美國採取了一系列的措施來抵制中資企業，但卻間接地推動了不少企業從美國回流香港上市。2018 年，香港交易所改革了新的上市制度，首次允許未有收入的生物科技公司、採用不同投票權架構的新經濟公司、合資格的海外上市公司來香港做第二次上市[1]。這是香港 25 年來資本市場最大的一次改革，適當地應對了中美貿易摩擦帶來的危機，轉危機為新契機，激發了香港資本市場的新活力。在此改革之下，不少中資的科創企業開始選擇到香港上市，帶動了香港證券市場的蓬勃發展。另一個積極的方面是，香港是人民幣業務的重要樞紐，處理全球 70% 以上的人民幣貿易結算，這就表明在接下來人民幣國際化的進程中，香港可以扮演更為積極的角色[2]。

---

1 http://m.xinhuanet.com/2019-04/30/c_1124440736.htm.

2 https://www.news.gov.hk/chi/2021/02/20210201/20210201_132656_508.html?yptr=yahoo.

香港對於美國來說，也是非常重要的。截至 2019 年年底，在香港 164 家持牌銀行中的 10 家，17 家限制牌照銀行中的 4 家，以及 43 家代表辦公室中的 1 家都是美資機構。163 家認可保險公司中，有 9 家是美國公司，12 家是美資控制公司。美國也不得不考慮其在香港的投資影響，以及本來寄希望透過香港在中國內地逐步擴張的目標。

（四）民主價值觀之爭

中美在香港問題上的博弈，另一個突出的表現就是 2019 年 3 月在香港開始的反對《逃犯條例修訂草案》運動（簡稱 "反修例事件"）。從總體來看，"反修例事件" 有着香港社會的深層次矛盾、香港少部分群體與中央政府之間的矛盾等諸多複雜的背景。但在該運動進行過程中，美國政府對此事件的發展態度有着具有反轉性質的轉變，其背後深意讓人不得不多加考量。

在香港 "反修例事件" 初期，美國總統特朗普曾在 2019 年 8 月就此發表過評論，明確將該事件定義為 "騷亂"，是中國與香港可以自行處理的 "分歧性" 問題[1]。美國此時對華關係處理的首要目標是要恢復美中貿易談判，是不願因為香港事件而破壞與中達成貿易協議，因此美國政府在香港問題上保持了非常謹慎且保守的態度。然而迫於美國內部政治的壓力，特朗普政府在香港問題上開

1　https://cn.reuters.com/article/hk-protest-trump-0802-idCNKCS1US0W7.

始逐步採取更為強硬的態度，第一步就是在輿論上將中美協議與香港問題關聯起來，施壓中國政府需要"人道地"對待香港問題。隨後，《香港人權與民主法案》先後在 2019 年 11 月 19 日和 20 日獲得美國參議院和眾議院通過，該法案授權美國政府需每年認證香港自治的情況。在美國政府的支持下，香港"反修例事件"逐步被建構成一次重要的國際政治事件，且與中央政府的政權治理緊密聯繫起來。

2020 年，圍繞香港問題，中國與美國之間的博弈開始升級。2020 年美國通過了《香港自治法》，授權美國聯邦政府以金融制裁的方式懲罰實施《香港版國安法》的中國內地與香港特別行政區政府官員，並制裁與相關人員有業務往來的金融機構。這是對 2020 年 5 月中國第 13 屆全國人民代表大會第 3 次會議提出《全國人民代表大會關於建立健全香港特別行政區維護國家安全的法律制度和執行機制的決定》所進行的反擊。在美國看來，中國政府對於《香港版國安法》的任何推動都是試圖繞過香港立法會的立法行為，其制定和實施從根本上來說是"破壞香港自治和自由的最新行為"[1]。該年 7 月 2 日，美國參議院一致全票通過《香港自治法案》，而後 7 月 14 日，美國總統特朗佈宣佈將其正式列為美國聯邦法律。而在 6 月至 7 月短短兩個月之間，中國政府前後 5 次就此發佈聲明，

---

1 美國國務卿向國會作證 指香港不再具備高度自治，BBC News 中文，2020 年 5 月 27 日，https://www.bbc.com/zhongwen/simp/chinese-news-52825358。

認為美國的行為是對於香港事務和中國內政的粗暴干預，是"嚴重違反國際法及和平共處五項原則"[1]，而中國政府也將對美國相關人員和實體實施制裁。

2020 年 8 月 7 日至 2021 年 1 月 15 日期間，美國財政部正式根據《香港自治法案》所賦予的執法權力，制裁了包括林鄭月娥、鄭若驊、曾國偉、李家超等在內的 35 名所謂侵犯香港人權與破壞香港自治的中國和香港政府官員，並將其列入專門打擊國際犯罪分子的《美國特別指定國民和被封鎖人員》名單中。這些受制裁人士所持有的美國房產和權益將會被封鎖，同時他們也被禁止與美國人或在美國進行資金、貨品與金融服務交易。2021 年 3 月 16 日，美國國務院發佈關於《香港自治法》的最新報告，宣佈要"定期對中華人民共和國不履行其《中英聯合聲明》或香港《基本法》義務正在發揮實質性作用，發揮過實質性作用，或者試圖發揮實質性作用的外籍人通報國會"[2]。而中國在 2020 年 8 月 10 日也迅速公佈了與美國對等的制裁舉措，也對美國國會議員馬克·魯比歐、泰德·科魯茲等在內的 11 名美國官員實施制裁。

從本質上來看，美國對於香港事務的插手，是其中美貿易摩擦中的重要談判點。美國希望通過宣揚所謂民主價值觀和指責中國政府的所謂干涉香港政治問題，一方面是逼迫中國政府在香港問題上

1　外交部聲明，中華人民共和國外交部，2020 年 7 月 15 日，https://www.fmprc.gov.cn/web/zyxw/t1797796.shtml

2　https://china.usembassy-china.org.cn/zh/hong-kong-autonomy-act-update-cn/。

進一步表態，同時也是其在世界範圍內加強與盟友之間關係的一個重要舉措。美國是一步步有計劃地將香港問題跟中美貿易談判聯繫起來，將香港問題上升到政治層面，把香港變成中美博弈的戰場。表面上看，美國把港亂當作中美貿易戰談判的施壓工具，但它的戰略意圖是藉由港亂將中國逼入直接進入香港進行彈壓的境地，屆時別的西方國家不得不對中國進行制裁，改變目前不參與美國對華貿易戰的現行政策。如此，中國將被迫面對所有西方主要經濟體的壓力。

香港對於中國內地來說，一直是中國與世界溝通的一個重要窗口，這就意味着香港在這場中美貿易爭奪當中也是一個關鍵的位置。原本，中國內地通過香港，可以巧妙地繞開很多壁壘，進而吸納到國際頂級的高科技資源、人才資源、重要貨物等，這相當於中國的一個重要管道。同時，香港也是中國推行進一步國際化道路的重要一步。如果中美貿易在香港波及度加大，那麼這個管道作用必然大大受到限制。但是反過來看，香港也可以成為中國的一個重要支點，這將反過來凸顯香港與中國內地加速全面合作、全面對接的緊迫性。我們需要意識到的是，在美方看來，香港問題就是美國對華戰略競爭的一部分，香港與中國內地需要對此保有默契，甚至是"沉默的默契"。香港雖然被迫衝在了中美貿易戰當中的前線位置，但這並不代表我們必須在香港問題上一直不斷地持續發聲，且是強硬發聲。這種沉默，主要是保留香港在某些領域的特殊位置，使得香港在未來依然可以成為中國與世界對接的一個緩衝地帶。

第十七章　中美貿易戰的階段性影響

　　對於這樣一場兩個國際大國的紛爭，學術界基本認定是一場"鷸蚌相爭，漁翁得利"的搏鬥。貿易戰給中國和美國的負面影響在 2019 年中期就已經開始呈現，雙方的經濟往來、金融發展等都受到了阻攔，促使兩國的部分需求正在轉向韓國、日本和台灣。同時，中美貿易戰在高新技術領域的爭奪又出現升級趨勢。這種階段性的影響究竟是否可以徹底改變兩國國內的經濟局面和世界的經濟格局，而兩國是否有足夠的能力及時調整其政策以扭轉這種頹勢，我們也在觀望。

　　美國貿然對華展開貿易戰，直接阻礙了兩國間商品的輸出（尤其是產品附加值較低的傳統製造業）。以往，中國商品憑藉其相對低廉的價格優勢，在美國獲得了廣泛的市場，加徵關稅將直接增加中國對美銷售商品的成本。這時候，若中方通過提高價格來解決成本增加問題，將會失去原有的價格優勢。[1] 因此，中國對美輸出商品

1　李建國：《如何看待中美貿易戰對中國經濟的影響》，《產業改革與管理》2019 年第 1 期。

必然受阻，雙方貿易差額得以縮小，這就是特朗普總統挑起貿易戰的重要目的之一，也是傳統的貿易戰爭邏輯。

就目前的結果而言，在經貿領域，美國作為中國重要的對外貿易合作夥伴，中國對美商品出口總值高，類型廣泛，是中國對外貿易的重要市場（海關總署數據：2018 年中國對美出口貿易 3.16 萬億元人民幣，佔全年出口總額的 19.85%）。[1] 在中美貿易戰後，中國經濟當然受到了一定的衝擊，中國在 2019 年 GDP 增速急劇下滑，但最終平穩在 6.1%。但中方正在沿着既定的道路和發展戰略前進，繼續深化改革開放，加強自主創新能力，增強商品國際競爭力，將貿易戰所帶來的負面影響降到最低，甚至消除中美貿易戰影響。中國對美國出口下降是局部的，整體中其他部分的增長能抵消甚至超出局部下降的影響，帶動總體貿易量增長。中國海關總署發佈的 2019 年 1—6 月貿易數據顯示，中國外貿進出口總值 14.67 萬億元人民幣，比去年同期增長 3.9%。其中出口 7.95 萬億元人民幣，增長 6.1%；進口 6.72 萬億元人民幣，增長 1.4%；貿易順差 1.23 萬億元人民幣，擴大 41.6%。顯示中國出口貿易在中美貿易戰不斷升級的背景下，仍保持相對強勁的增長勢頭。美國已經退居為位列歐盟、東盟之後的第三大貿易夥伴。

在金融領域，中美貿易戰導致人民幣匯率走弱，進而引致資本外流，從而造成國內流動性放緩，市場避險情緒上升，人民銀行不

---

1 海關總署，海關總署 2017 全年進出口有關情況新聞發佈會，2018 年。

得不採取貨幣微調政策，抵消衝擊。再者，美聯儲的加息預期加快，美元持續走強，人民幣難以升值。據中國國家外匯管理局的公佈數據，截至 2019 年 6 月，人民幣對美元官方匯率較 2018 年 5 月累計貶值 8.26%。[1] 從實踐層面講，資本避險流動受多重因素影響，匯率僅為眾多因素之一，在中國經濟快速增長、消費市場潛力不斷釋放的背景下，資本流向及流量出現了與人民幣幣值走低相反的運動軌跡。據中國商務部公佈的數據，2018 年全年實際利用外資 1349.7 億美元，同比增長 3%；2019 年 1—5 月實際利用外資 546.1 億美元，同比增長 3.7%。2018 年中國新批設立美資企業 1750 家，同比上升 30%；合同美資金額 104.5 億美元，同比上升 100.3%；實際使用美資金額 26.9 億美元，同比上升 1.5%。[2] 隨着貿易戰的持續深化，中國實際利用外資數量走勢有待進一步觀察。此外，股市、債券、消費市場等金融行業都不同程度受到中美貿易摩擦帶來的負面影響。[3] 但長期來講，這種影響呈現遞減效應，在預期保持穩定的前提下，最終影響會微乎其微。

　　事實上，美國也並非中美貿易戰的勝利者，其本土經濟和對外貿易同樣受到影響。根據海關總署數據，2018 年中國對美出口 3.16 萬億元，增長 8.6%，自美進口 1.02 萬億元，下降 2.3%，貿易

1　國家外匯管理局公佈 2019 年 6 月中國外匯市場交易概況數據，2019 年 7 月 26 日，http://m.safe.gov.cn/safe/2019/0726/13706.html。

2　2018 年中美貿易投資簡況，中華人民共和國商務部中國服務貿易指南網。

3　蔣玉慶，高源：《淺談中美貿易戰對中國金融業的影響》，《時代金融》2018 年第 35 期。

順差 2.14 萬億元，擴大 14.7%[1]。2019 年 1—6 月貿易數據顯示，中國對美出口 1.35 萬億元，同比下降 2.6%；自美進口 3993.8 億元，同比下降 25.7%，貿易順差 9548.1 億元，擴大 12%。[2] 由此可見，雖然美國通過對華商品加徵關稅獲得利益，但特朗普總統減少對華貿易逆差的目的依舊沒有達成，貿易逆差繼續擴大。圖 17-1 可直接顯示，在美國對中國部分商品進行高額徵稅之後，美國從中國的進口均大幅下降，而美國對中國的出口也在中國進行關稅反制措施後

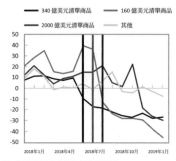

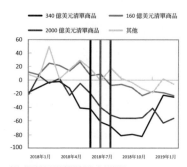

來源：美國商務部和國際貨幣基金組織工作人員的計算。
注釋：關稅生效日期：2018年7月6日，對最初的340億美元清單商品徵收25%的關稅；2018年8月23日，對160億美元清單商品徵收25%的關稅；2018年9月24日，對2000億美元清單商品徵收10%的關稅，2019年5月10日，關稅升至25%。

來源：美國商務部和國際貨幣基金組織工作人員的計算。
注釋：中國加徵關稅相關日期：2018年6月16日宣佈對340億美元清單商品加徵關稅，2018年7月6日，對160億美元清單商品的徵稅，2018年8月23日生效；對600億美元商品的徵稅，2018年9月24日生效。

圖表來源：Eugenio Cerutti, Gita Gopinath and Adil Mohammed（2019）：中美貿易緊張局勢造成的影響。[3]
（左：進口 右：出口）

圖 17-1　美國對華加徵關稅及中國反制後美國對中國的進口和出口狀況

1　海關總署，海關總署 2018 全年進出口有關情況新聞發佈會，2019 年。

2　海關總署 2019 年上半年進出口情況發佈會，2019 年 7 月 12 日，http://fangtan.customs.gov.cn/tabid/660/Default.aspx。

3　https://www.imf.org/zh/News/Articles/2019/05/23/blog-the-impact-of-us-china-trade-tensions.

出現了急劇下降。

不僅如此，由於中美兩國經濟聯繫深，產業融合度高，加徵關稅提高了美國企業生產成本。一些美國企業尋求在華投資建廠，美國眾多行業協會反對對華加徵關稅的呼聲持續高漲；中國為美國出口大量物美價廉的日用消費品，加徵關稅導致商品價格上漲，加重美國居民的生活負擔，在美國國內已經引發社會怨言；中國對美國採取對等還擊措施，影響美國對中國商品出口及就業，受害最為顯著的為美國大豆出口業及豆農。從出口數據來看，美國對華出口暴跌，同比增速在 2018 年末達 -32.9%，創 1999 年以來新低。2018年美國對中國大豆出口同比下降約 47.6%，2019 年上半年中國進口大豆同比減少 14.7%。

在中美貿易戰中，具有更為深遠影響的是中美之間的科技之爭。除了傳統製造業，美國對華徵稅的對象還包括航空、新能源、新材料等高科技產業[1]。一方面，這些都屬於 "中國製造 2025" 計劃中重點規劃佈局發展的產業；另一方面，這類高科技產業的技術核心基本都掌握在美國企業手中。如此一來，美國可謂是把握着中國高科技產業發展的咽喉，這一舉動無疑是對中國科技發展道路轉型升級的打壓。目前，學界有說法認為，在這場中美科技戰中，美國對中國高科技企業的封殺，會嚴重影響中國高新技術產業的發展。事實上，美國對中國高新技術產業的打壓影響仍有待觀察。針對自

1　宗建明：《中美貿易戰的原因、影響及對策》，《時代金融》2019 年第 5 期。

主創新能力較弱的高新技術企業，例如中興通訊，美國發出的技術禁令的確對其正常的業務營運造成了毀滅性打擊。然而，另一些創新能力較強的企業，例如華為科技，在美國對其全球圍堵絞殺的不利形勢下，仍然憑藉其遙遙領先的 5G 技術優勢和關鍵核心領域的技術儲備，表現出了極強的抗打擊能力，甚至在企業內部激發出更強的團隊凝聚力和創新活力。至於航空、新能源、新材料領域，中國也可在全球尋找新的技術合作夥伴，例如歐盟。故而，中美貿易戰的持續深化對中國的高新技術企業有一定影響，但從行業長遠發展來看，抑或"塞翁失馬，焉知非福"。甚至在某種意義上來說，對中國的部分高新技術產業正常經營產生一定困擾，這種影響力有限，在中長期內甚至能被中國部分高新技術企業自主創新能力的增強所克服。

第十八章　中美關係的未來展望

　　中美貿易戰的另一個重要變化因素，出現在美國 2020 年總統大選。在大選過程中，特朗普代表的共和黨與喬・拜登（Joe Biden）代表的民主黨已經就對華政策、中美貿易戰展開了一系列的辯論。大選後拜登代表的民主黨重返美國政局。2021 年 3 月 3 日，就在拜登就職美國總統僅僅 6 個多星期後，白宮國家安全委員會公佈了《臨時國家安全戰略指南》（以下簡稱《指南》），作為美國各部門制定國內國外政策時的指導方針。縱然在如此短的時間內，拜登政府依然選擇快速發佈"臨時"、"指南"性質的戰略報告，顯然拜登面對的是比特朗普更為緊迫、更為棘手的內政外交局面。其中，拜登政府主導的對華政策是我們關注的焦點之一。

　　目前，拜登就職已有三個月，其內政外交初露端倪。我們可以思考的是，拜登政府是否已經形成對華政策新思路，其在對華貿易戰，尤其是科技戰上會有哪些方面的政策調整？

（一）美國政局變動，重塑對華方針

從基本態度上，對華遏制仍是民主共和兩黨為數不多的共識之一，其根本原因在於中國作為長期競爭對手（strategic competitor）的定位並沒有發生根本變化，且美國認為國際政治的焦點已經重回"大國競爭"時代的基本觀點也沒有變化。2017 年特朗普政府出台的《美國國家安全戰略》中，明確將中國和俄羅斯一起定義為美國的"戰略競爭者"，這是首次公開的使用。但事實上，早在奧巴馬時期，美國政府內部已經開始認為必須要正視中國的崛起。拜登為代表的民主黨對中國的定位顯然會一脈相承，不會出現根本性的改變。在 2021 年慕尼黑安全會議（Munich Conference）上，拜登提到，必須為中國的長期和激烈的戰略競爭做準備，也就是說，美國依然將中國定性為長期競爭對手，且美國也不準備降低競爭的強度或者做出妥協。

甚至說，在一定情況下，拜登政府對華遏制的強硬態度可能會在某些方面得到強化。在 2020 年美國大選中，美國兩黨都用"對華軟弱"來攻擊對方，拜登因而逐漸開始表現為"對華強硬鬥士"，並多次表示將對抗中國作為其競選成功後的工作重點。那麼在當選之後，拜登顯然也不會自我打臉，必會維持對華遏制的強勢態度。這也是我們需要警惕的事情。

彼得森國際經濟研究所的赫夫鮑爾（Gary Hufbauer）認為，拜登和特朗普，個人風格截然不同，執政理念大相徑庭，選民群體甚至水火不容。與特朗普那種毫無章法、難以捉摸的對華政策不同的

是，拜登政府會用更為傳統的方式來處理中美競爭，其特點會是
理性的、連貫的、有跡可循的。正如拜登提名的國安主任蘇利文
（Jake Sullivan）所說，美中關係的未來將是"沒有災難的競爭"。這
表明，拜登政府在處理對華全面競爭的問題上，不會採用特朗普激
進的遏華策略。

縱然對華遏制的基本立場一致，與特朗普時期四面開戰、得罪
盟友的策略不同的是，拜登政府對華政策的基本思路是"結盟遏
制"。一方面，特朗普時期極大改變了奧巴馬時期的外交政策，對
中國大打貿易戰、極限施壓，這與民主黨一直保有的外交政策理念
明顯不同，而拜登政府必然會重返民主黨的"友好國際參與"的外
交政策線路；另一方面，拜登政府顯然認為，過去幾年特朗普打着
"美國優先"旗號所採取的一系列國際退群行為，美國並沒有從中
受益，且更為可怕的是，美國"退出之處，中國已經趁虛而入"。
在除了國安會《指南》明確表示的加強與北約組織的關係外，拜登
政府很有可能會考慮通過構建"亞洲版的北約"（澳大利亞、新西
蘭還有亞洲地區的盟友如日本跟韓國）對付中國。這樣的國際聯盟
優勢才是美國最大的戰略資產。

值得注意的是，拜登政府很可能會利用周邊國家對中國崛起的
擔憂和一些摩擦，比如中國與印度的邊界爭端、與澳大利亞的新貿
易戰、南海周邊聲索國、以及與日本、韓國的長期緊張關係，以增
加中國崛起的成本。

民主價值觀正在重回美國政治中心。《指南》中開宗明義表

明："我們要想立於不敗之地，就必須與我們最親近的盟友和友邦同舟共濟，捍衛美國的利益，維護普世價值，更新我們國家的優勢的源頭。" 在拜登政府看來，民主價值是美國長期保有的道德優勢，而不遺餘力地將其道德優勢發揮得淋漓盡致，抵制"威權主義"（專制主義）對世界的壓制，是拜登政府對華政策的一個重要抓手。可以預見的是，拜登政府將在香港問題、新疆問題、台灣問題上下重筆墨，對華發難。

（二）關於中美貿易戰、科技戰和金融戰

由於特朗普在中美貿易戰中的一系列超常規行為，無疑給現政府留下了一個難以收拾也難以另起爐灶的"爛攤子"。拜登將如何接手中美貿易戰，以及正在升級的科技戰和金融戰？

現在看來，中美貿易戰將會是長期的、持續的，時間可能會遠遠超過拜登任職的四年。拜登政府將仍然把貿易問題作為對華遏制的重要手段，這不會有明顯的變化。同時，特朗普已經打破了中美關稅禁忌，拜登政府或許更能在中美貿易上放開手腳，儘管這種對華貿易遏制的方式是否有效果仍然存在質疑。

拜登雖會繼續貿易戰，但不會像特朗普那樣執行毫無理性可言的貿易政策。拜登政府核心內閣成員以建制派精英為主，代表了全球化和自由貿易的受益者，對華態度基本一致，強調自由、規則與競爭，不冷戰、不脫鈎。同時，因為國際環境 2020 年 RCEP 的簽訂、中歐投資協定談判結束，迫於國際環境壓力和恢復美國世界領

導地位，可能促成美國回歸與中方的理性談判軌道，但也可能激怒美國保守派給拜登政府施壓使其上升至全面競爭。

美國發動貿易戰的一個重大目的是重塑全球製造業產業鏈。一般認為，對華科技戰的導火線是中國提出的 "中國製造 2025" 計劃。特朗普政府保持了高度警惕，並將其認定為中國意圖取代美國在高科技領域霸主地位的宣言書。美國似乎已經做出戰略性的判斷，若不能成功減緩甚至是終止中國在全球製造業產業鏈中的上移趨勢，就無法從經濟的根基上抑制中國的崛起，而且美國在安全和外交領域裏對中國所進行的所有反制措施均無法達其全效。這充分印證了，美國挑起貿易戰的經濟原因遠遠低於政治原因，貿易戰正是地緣戰和地緣科技戰的延續。

貿易熱戰升級到科技冷戰已經難以避免。美國認為，在 5G 技術上搶得先機是引領第四次工業革命的關鍵。中國在全球半導體鏈上持續上升的地位，反映出它在知識密集型與高附加值產業創新能力的提升，更重要的是它逐漸開始在 5G 技術上展開手腳。拜登曾在《外交事務》雜誌上撰文："如果中國繼續這樣行事，她會繼續搶奪美國及企業的科技和知識財產權，繼續利用政府補貼為國企帶來不公平的優勢，在統治未來科技與工業上佔據優勢。"美國對中國發動的貿易戰，在很大程度上是要削弱中國製造和中國作為世界工廠的實體經濟的基礎。因此，拜登政府將採取一系列產業政策來維持其在全球製造產業鏈上的優勢地位，而對華技術封鎖無疑是重要的措施之一。目前看來，美國在 AI 等高科技領域與中國相比有相當大的優勢，拜登政府一定會採取包括技術封鎖在內的各種措施來將這種優勢持續拉大，這將是拜登政府對華遏制的另一重要抓手。

在具體做法上，拜登試圖將國家安全問題限制在 5G、人工智慧、先進半導體、量子計算器等關鍵領域和產品（小院子、高柵欄，small yard, high fence）。在這個較短清單上，拜登會儘量與美國盟友達成一致。然後在 2021 年中期，拜登團隊可能會制定出對華戰略，估計會豁免一部分對華關稅。

但不容忽視的另外一點，美國高科技公司為過去幾年美國對華科技戰也付出了極為慘重的代價，而他們必然會希望拜登政府不要採取全面封鎖的 "殺敵一千，自損八百" 的策略。例如，在特朗普時期，幾乎所有的美國晶片供應商都發表聲明，要求不要封殺華為、中興通訊以及其他的中國高科技企業。根據 Center for Responsive Politics 資料，拜登競選委員會的前七名捐款人中，科技公司佔據五個席位，包括谷歌母公司 Alphabet、微軟、亞馬遜、蘋果和 Facebook。美國高科技公司在特朗普對華科技戰中付出了極為慘重的代價，必然希望拜登政府能避免中美科技脫鉤（但可以部分脫鉤），預計將會遊說美國政府，而這給中方留有可以運作的空間。

在貿易戰以外，美國對華遏制的另一重要手段是金融戰（包括貨幣戰）。目前美中金融的脫鉤行為已有所展現，且最先體現在金融科技、數字貨幣領域，極大程度上保護了美元作為世界交易的霸權地位。美國在金融體系發展上有着多年的經驗，而中國還沒有建立自己的金融體系。中國應積極籌備，儘快研討數字貨幣的使用規則和基礎設施及平台建設，適應數字化轉型的加速。

（三）中國應當如何應對

中美貿易戰，僅僅是中美兩國持久對抗當中的一個爆發點。今後，中國與美國之間必然會在多方面、多領域有競爭，且在個別問題上必然是場惡戰。這是我們對此次中美貿易戰的一個重要認知。因此，我們要充分認識到，中國未來面臨的不僅僅是一場持續的、漫長的中美貿易拉鋸戰，而且有可能是中美之間的全方位關係處理。特朗普時期宣傳的"美國優先"的理念，不僅僅代表特朗普的個人意志，其背後也有美國近年來社會發生的重要變動。這就意味着，美國政府在相當長時間內都將難以大幅度調整其對華態度，且在美國分裂的社會局勢下，這種對華態度可以說也代表了正在變化的美國對華戰略的重大調整。中國可能將會面臨前所未有的挑戰。

2021 年 1 月 25 日，美國新任美國新任白宮發言人普隆基（Jen Psaki）表示，拜登希望以"戰略耐性"（Strategic Patience）為原則來處理中美關係。這一來源於奧巴馬年代的北韓政策被重新用於今天的中美關係，無疑被賦予了新的意義。顯然，中美關係將會是一場長期而持久的、複雜而棘手的大國關係，在短時期內希望其得以快速"轉彎"甚至重新開啟，這是非常不現實的。因此，"戰略耐性"不僅僅是美國對華的態度定位，也應是中國對美戰略調整所應當秉持的原則。

　　對於目前的局面來說，在觀念上，中國應當避免對短期內中美關係出現大的變化（尤其是積極的變化）有過高期望值，要對拜登政府的中美框架設定有一個相對理性的、相對保守的預判。拜登政府剛剛上台，出於國內政治的考慮，將很難在一個較短的時間內出現對華積極態度的轉折性質的表態，在極大可能的情況下，也不會把對華政策拉到我們所期望的程度。顯然，拜登政府目前工作的重點是內政，並沒有出現一個完備的、具體的對華策略（另一個很重要的原因是國內政治掣肘）。在未來六個月內，中方應當避免過早推動與美方進行實質性的談判。因為這樣的行為會類似於 "施壓" 拜登政府對華有明確的表態，而一旦準備不充分，拜登政府將很難比特朗普時期的對華態度有太大的改進，將會是一個較為負面的表態，那麼未來的中美談判框架就會很難擺脫這個基調。

　　就中美貿易談判來說，中國應當充分吸取日本的經驗教訓，要積極應對。一方面，中美全面脫鈎是不現實的，且是對雙方都有嚴重損害的，中美雙方都應當將中美不脫鈎作為雙方短期內的國策，進而中方可以繼續積極籌備產業政策和在國際產業鏈中的發展；另一方面，中方也應當對中美科技部分脫鈎的局面有所準備，盡可能早地預測美方對此可以採取的制裁措施清單、對中國有可能帶來的傷害清單以及中方的應對之舉。也就是說，中國應當既不積極開展貿易戰，不打無準備之戰，但也不對任何的無理制裁無所作為。

　　在與拜登政府處理中美關係，尤其是中美貿易關係和科技關係時，中國應當是既要鬥爭又要合作，且是有智慧地進行雙方接觸和談判。相比特朗普團隊，拜登政府的團隊更為理性，且對華有相當深入的了解。因此，中方在未來中美關係的談判中，一方面應當改變其外交觀念，避免出現在特朗普時期的戰狼式外交方式，另一方面應當考慮做出適當讓步，例如可以考慮在市場准入、公平競爭上進行調整（這對我們進入國際市場也是有利的），同時這種讓步談判應當是有智慧的、有技巧的，讓美方在一種被尊重的、談判成果得來不易的氛圍中來進行。同時，中方應當避免為美方設定紅線。過去的經驗表明，一旦設定紅線，美方往往會在紅線邊緣進行試探，這就讓我們處於一種比較被動的境地。中方應當借鑒美方，在核心利益等表態上進行模糊化處理，給中美對話留有空間。

　　2021 年 2 月 4 日，美國總統拜登訪問美國國務院並發表了他當選後的首次外交政策講話。在演講中，拜登稱中國是美國"最嚴峻的競爭者"，並表示"我們將直面中國的經濟惡行，反制其咄咄逼人、脅迫性的行為，頂回中國對人權、知識產權和全球治理的攻擊"。拜登對中國的定位和反擊態度，與特朗普挑起中美貿易戰一脈相承，同時也印證了中美之間競爭與衝突的不可避免性。而今，一場長達 18 個月且迄今為止沒有緩和跡象的中美貿易戰則正是這場大國衝突的表現。可以說，中美貿易戰不僅僅是美國對華美貿易逆差的扭轉之戰，而是兩國之間囊括範圍更為廣闊、影響更為深遠的政治、經濟、外交等全方位的戰爭。中美貿易戰也不是商人背景的特朗普的心血來潮，而是美國政府深思熟慮的，在"公平貿易"的旗幟下，對中國產業政策、高科技發展、人民幣國際化等領域全方位的扼殺。

然而，國際關係有意思的地方也正是貌似絕境中的生機。我們談中國與美國之間必然有一戰也談了很多年，但每次在衝突升級之後，雙方似乎都在最後的緊要關頭剎車，通過單邊、雙邊、多邊談判等多種措施來緩解危機。今日的中美貿易戰和中美關係的走向，也有那麼一絲生機。拜登當選美國總統之後，面臨的首先是嚴峻的國內形勢，"先打掃屋子"是其最重要的工作。美國國內政治變局，美國商業和軍事利益集團的考量，反亞裔運動的走向，社會進一步撕裂等諸多因素都是拜登對華政策可能出現進一步調整的重要原因。可以預見的是，在未來半年乃至一年的時間內，拜登政府都不一定能形成一個完整的對華戰略，這就給了中國談判緩和的空間和抓緊時間加強自身發展的機遇期。對外，我們要避免的是與美國"你死我活"、"傷敵一千，自損八百"的戰爭，對內，我們更要警惕的是不打"毫無準備"的戰爭。如何與美國在競爭中求合作，在摩擦中求和平，是中國外交的智慧，更是我們處理大國關係的態度。

參考文獻

[1] 李鑫茹，陳錫康，段玉婉，祝坤福：《國民收入視角下的中美貿易平衡分析》，載於《世界經濟》2018 年第 6 期。

[2] 李建國：《如何看待中美貿易戰對中國經濟的影響》，載於《產業改革與管理》2019 年第 1 期。

[3] 宗建明：《中美貿易戰的原因、影響及對策》，載於《時代金融》2019 年第 5 期。

[4] 2018 年中美貿易投資簡況，中華人民共和國商務部中國服務貿易指南網。

[5] 蔣玉慶，高源：《淺談中美貿易戰對中國金融業的影響》，載於《時代金融》2018 年第 35 期。

[6] 任澤平：《客觀評估中美貿易摩擦對雙方的影響》，恆大研究院，2019 年。

[7]　中華人民共和國—澳門特別行政區：2019 年第四條磋商代表團工作人員總結聲明。

[8]　永逸：《美國是否也將黑手伸進澳門及其他》，《新華澳報》，2018 年。

[9]　柳志毅：澳門經濟論壇 2018 主題發言（摘要），澳門經濟形勢前瞻 2019。

[10]　趙世勇：《一國兩制下的澳門通貨膨脹及其治理》，載於《一國兩制研究》第 9 期。

[11]　中美經濟衝突及其對香港經濟的影響，香港立法會秘書處數據研究組，2018。

[12]　李安勇，張鳳超：《澳門發展特色金融產業的設想》，載於《改革與開放》2018 年第 15 期。

[13]　王毅耘：《澳門社會中的美國因素 —— 平行外交理論框架內的探討》，中國人民大學博士論文，2008 年。

[14]　梁淑雯：《論中美貿易戰對澳門博彩業影響》，載於《"一國兩制"研究》2019 年第 2 期。

[15]　加強交流與合作，實現內地與澳門的互動發展 —— 訪澳門金融管理局主席丁連星。

[16]　王應貴，彭丹雲：《澳門經濟增長、金融狀況與特色金融的路徑選擇》，載於《亞太經濟》2016 第 6 期。

[17] 柳海:《試論回歸後澳門金融業發展趨向》,載於《南方金融》1999 年第 12 期。

[18] 王珏:《澳門金融業在新歷史時期的創新與升級》,載於《中國科技產業》2014 年第 6 期。

[19] 陳觀生:《中美貿易戰若深化必影響澳門》,《新華澳報》,2018 年。

[20] 于欣:《論美資博彩企業對澳門的政治生態影響及法制應對之策》,《新華澳報》,2019 年。

[21] 關紅玲:《外資進入澳門博彩業帶來的社會政治影響》,載於《澳門研究》2005 年第 12 期。

[22] 陳廣漢:《澳門博彩旅遊業的國際化研究》,載於《大珠三角論壇》2016 年第 2 期。

[23] 徐奇淵:《以金融業為突破口培育澳門經濟新動能推動大灣區建設》,載於《銀行家》2019 年第 3 期。

[24] 盛力:《一帶一路是澳門與祖國的共同發展之路》,載於《人民論壇》2019 年第 4 期。

[25] 黃善文:澳門經濟論壇 2018 主題發言(摘要),澳門特色金融工作進程及未來展望。

[26] 耿川:《澳門經濟適度多元化視閾下特色金融及其人才發展路徑芻議》,載於《蘭州學刊》2019 年第 8 期。

[27] 2018 年中美貿易投資簡況，中華人民共和國商務部中國服務貿易指南網。

[28] 葉輔靖：澳門經濟論壇 2018 主題發言（摘要），中國內地經濟走勢與澳門的機遇。

[29] 陳章喜：《粵港澳大灣區建設中的澳門：機遇、挑戰與路向》，載於《統一戰線學研究》2019 年第 4 期。

[30] 海關總署，海關總署 2017 全年進出口有關情況新聞發佈會，2018 年。

[31] 海關總署，海關總署 2018 全年進出口有關情況新聞發佈會，2019 年。

[32] Ray Dalio, "Our Biggest Economic, Social, and Political Issue", Bridge Water Daily Observations (2017).

[33] Bown, Chad, and Melina Kolb. "Trump's trade war timeline：An up-to-date guide." Peterson Institute for International Economics (2018).

[34] IMF, China's Economic Outlook in Six Charts, Aug 9 2019.

[35] IMF, 2019, IMF Concludes 2019 Article IV Consultation with Macao SAR.

[36] Caceres, Carlos, Diego A. Cerdeiro, and Rui Mano. "Trade wars and trade deals：Estimated effects using a multi-sector model." International Monetary Fund, 2019.

[37] Gu, Xinhua, Guoqiang Li, Xiao Chang, and Haizhen Guo. "Casino tourism, economic inequality, and housing bubbles." *Tourism Management* 62 (2017)：253-263.

後　記

　　從 2018 年開始，中美關係風雲突變，先是貿易戰打響並不斷升級，接着中美各個領域都出現下滑甚至倒退。澳門經濟與外部世界息息相關，中美貿易戰對澳門也產生了極大衝擊。作為澳門思路智庫理事長，我決定組織學術力量研究一下“中美關係的變化可能對澳門產生的影響”。而澳門大學的王建偉、由冀和盛力三位教授都是國際關係和澳門經濟領域頗有建樹的專家，同時也是思路智庫的理事，一拍即合下，我們組建了這個研究團隊。思路智庫的馬志成會長和李雁玲監事長知道後，也十分支持這一構想，還幫助我們從澳門基金會申請到所需的研究經費。2019 年底，課題完成，並作為澳門思路智庫的研究報告發表。

　　2019 年 12 月，新冠疫情爆發，其傳播之快、影響之深遠，使各國政府措手不及，導致 2020 年的中美關係出現了更為嚴峻的局面，世界政治經濟也受到嚴重衝擊。從疫情初期美國特朗普政府的追責、甩鍋，到兩國民間民粹情緒高漲，再到美國大選年間特朗普政府大打中國牌，試圖加快中美"脫鈎"，在經貿、科技、人文交流等領域採取了一系列的破壞措施。由於疫情，澳門經濟一度處於停擺狀態，而中美關係的進一步惡化無疑對澳門經濟雪上加霜。為此，我們覺得有必要加入 2020 年中美關係的新變化以及可能的走勢。為進一步研究中美關係的深刻變化，我們邀請了國際關係學界的新秀 —— 澳門大學吳湘寧教授加盟，在原來研究報告基礎上進行重大修改和更新，對中美關係最近的變動進行更深層次的剖析。

2021 年拜登當選美國總統，又給中美關係的走向增添了新的變局。學界一度寄希望於拜登政府對華態度有所轉變，而今看來這種希望似乎非常渺茫。拜登政府的對華態度依然強勢，甚至有被強化的可能性。中美貿易熱戰也開始向科技冷戰進一步升級，並在貨幣戰、金融戰等多個領域開始有所展露。在此大變局下，中美貿易戰將會如何走，中美關係將會如何發展，更成為了政界、學界關注的焦點。為此，我們的書稿又幾經更新，多次打磨，這才造就了今天這本書稿。

本專著是集體創作的結果，章節分工如下：

第一部分"中美貿易戰的興起與演變過程"（郝雨凡教授）；

第二部分"貿易戰大背景：美國對華戰略及其政策的演變"（王建偉教授）；

第三部分"中美貿易戰及中國應有的對策"（由冀教授）；

第四部分"中美貿易戰升級對澳門的影響"（盛力教授）；

第五部分"新冠肺炎疫情爆發與中美關係"（吳湘寧教授）；

最後一部分“未來展望及政策建議”（郝雨凡教授）。

由於時間較為緊迫，加上疫情的阻隔，每位作者也都有自己的工作要處理，大家通過線上交流並及時交稿，實為不易，在此，我向各位作者表示誠摯的謝意！感謝我的學術助理于茗卉對本書的認真編輯，行政助理楊迪雅與出版社的耐心溝通！也感謝澳門思路智庫、澳門基金會對我們課題研究的大力支持和繼續出版的理解！更要感謝香港三聯書店周建華總編輯的鼎力支持、鄭海檳編輯的細心關照和王婉珠編輯的專業處理。

山高水長，希望我們的研究會讓更多人意識到中美關係對世界和平和穩定的重要，更希望未來中美關係會柳暗花明！

郝雨凡

西元 2021 年春　於香港中文大學（深圳）